遠まわりして聴く

和田忠彦

書肆山田

遠まわりして聴く／和田忠彦

書肆山田

「とほくて近い」——支点の強度を考えるために

さようなら、闇の中の汽笛、発車のベル、しわぶき
そして閉められた扉。ときはいま。きっと
人造人間たちが正しいのだろう。ああして通路から
すがたをあらわすのだから、幽閉の果てに！

（エウジェニオ・モンターレ「さようなら汽笛」）

三年前のちょうどいまごろだっただろうか、鈴木了二『寝そべる建築』（みすず書房、二〇一四）に収められた表題作の、立原道造の建築と言葉（＝詩）の一回性と自律性を支えた「空間配置の絶対的感覚」の行きつく果てにある「断念」をひとの別離と建築の廃墟に重ね見る著者のまなざしにたいそう勇気づけられながら過ごしていたことがある。

「立つ」のではなく「寝そべる」という垂直性の欠落もしくは稀薄を特徴とする、アルヴァロ・シザをはじめとする現代ポルトガルの建築家たちの「脱力」や「休息」の「風情」を漂わ

せる建築作品に、八十年前立原道造が遺したエスキースや図面の後継を、そして「死」と「廃墟」からはじまる「不思議な明るさと新鮮さ」という次なる可能性を見出していく緻密でやわらかな思考が心地よかった。だからたとえば「のちのおもひに」で立原道造がうたう「夢」の帰還地としての故郷（「山の麓のさびしい村」）に広がる風景に「牧歌的な不毛」を、そして何より終着の果てに廃墟を見る抒情（詩）を支える詩人の「強靭な精神」を読み取るのだろう――そう思いながら読んでいるうちに、鈴木了二自身の立っている場所こそが、ほかでもない廃墟であり荒野であることに気づかされていった。

「眠るとき僕の身体はあるのだらうか」（「火山灰」）という立原の問いを、「建築も、そして言葉をも、思わず唖然とさせる」問いだと指摘する鈴木は、そこに立原の詩の強度を見ている。それは建築によって培われた平衡感覚に保証された確信性と安定性であり、「建築と文学という異質な表現世界を化合させる実験」の成果でもあるのだと。

そして、

かれ以外にはまだだれも踏みこんだことのない建築／非建築の荒野で、詩という言語の能力もまたひそかに培われていたからではなかったか。そしてワールドトレードセンターのあのにわかに脱力したかのような崩壊によって、立つこと自体が亡霊的なものに見えはじめ、立つことの根拠がいよいよ不明瞭になったいま現在であればこそ、その荒野は、いやでもわれわれの目の前に広がっているのではないか。

と語りかける鈴木了二の眼に、だがいまは、九・一一に加えて三・一一以後の風景も映っている。それゆえ二〇〇八年に原型をなした立原道造論に新たな筆を加えたと著者はあとがきでふれるのだけれど、仮に三・一一を経た加筆がなかったとしても、すでにして鈴木の視界には、三・一一以後の「荒野」が映っていた――「寝そべる建築」と題された立原道造論を読めば、ひとは迷わずそう断言するだろう。

一九三〇年代後半の日本における建築の状況認識と、吉田健一による文学の状況認識との符合をたしかめたうえで、吉田健一が「日本の現代文学」と題した小論のなかで堀辰雄に日本の新しい小説到来の可能性を見たように、鈴木了二は立原道造に詩と建築両方のあらたな可能性を見ている。それは「建築と文学の両方ともすでに終わった場所であり、同時に、いまだ始まっていない場所」に立原道造が立っていた、つまりは宙づりの存在としてあったという指摘として現れている。さらにはその宙づりが、時間の延引や遅延、倒錯というかたちをとって、立原の詩や散文のなかで、現在の不在もしくは空白という「無生物の夢みてゐる時間」と記されることになるあたらしい「幾何学」の提案としてわたしたちに手渡されること、そしてその幾何学的無時間性の向こうに、つねにまどろみのなかにいるような「寝そべる建築」が見えてくるにちがいない——こうして鈴木了二は立原道造の「無時間」をどこにもない・どこでもない「無人」の場所へと誘引して、ヴァルター・ベンヤミンの『一九〇〇年頃のベルリンの幼年時代』の一節における時空間の認識との比較へと向かうのである。そこには室内と風景(=荒野)の関係における遠近法とアウラの認識において決定的差異があり、立原の「とほくて近い」という言葉には、どこまでいってもわが身の延長でしかない「転倒する遠近法」がもたらす「ぎこちなく、そして甘い」アウラだけが籠められている。

「気恥ずかしくなるくらい紋切り型」と言い換えられる立原道造の「甘さ」は、だが、冒頭でも述べたように、「空間配置の絶対的感覚」に支えられた建築構造力学的強度を備えている。そしてその核心に、「別離だけを体験し、廃墟だけを所有して来た」と立原自身が堀辰雄に告白したような、時間が前景化した「経験としての建築」があるのだとすれば、創造そのものを断念した地点に立って、言葉をつむぎ、空間をつくることの作為あるいは人工性にたいする楽観と虚無の奇妙な同居の理由もわかるような気もする。

＊

こんなふうに「寝そべる建築」が描く立原道造という「宙づり」の在りようにでは、なぜ勇気づけられたのか。

それはたぶん、本書の前篇にあたる『声、意味ではなく』(平凡社、二〇〇四)をまとめた前後から、同書収載の文章群もふくめ、月刊誌『國文學』連載の文章に綴っていた〈読むこと〉がもたらす思考の記録を、イタリア語で(ときには英語やフランス語で)聴衆に向けて話す機会が重なるようになったからのような気がする。

つまり極々私的な、それも少なくともイタリアではあまり馴染みのない読みと思考の手法が果たしてイタリア語を解する人びとにどんなふうに受けとめられるのかを繰り返し試すことによって、ぼく自身の読みと思考がさらに鍛えられるのではないか――そんな目論見のもとにはじめた試行は、当然ながら、つねにその第一歩は、元になる日本語の文章を、自分のものだけでなく、引用した文章もふくめイタリア語に〈翻訳〉することだった。すると引用した日本語作品にも翻訳作品にも、イタリア語訳は存在しないものがほとんどだから、それらをどのようにイタリア語に翻訳するかが、自分の思考をつたえる首尾を左右するという現実と向き合うことになる。こうしていままでにも増して、言語的宙づりの時間を生きるなかで、徐々に見えてくる風景があった。経験としての言語構築がもたらす明るさとやるせなさとでも言えばよいだろうか、ただ立ち尽くすほかない風景のなかに射しこむ光のようなものに、さてどう対処すべきか考えあぐねているさなかに、「寝そべる建築」との出遭いがあった。
かつて『声、意味ではなく』の巻頭に配した「読むこと、訳すこと」と題した文章をぼくはこう結んでいる。

翻訳という営みに分け入ってしまった宙づりの存在に、もし詩学とよべるものがあるとすれば、それは〈読む〉という行為のなかで固有の〈自由間接話法〉を駆使して歩みつづけることかもしれない。そしてその果てしない往還をつづける歩みを、たぶんわたしたちは、〈翻訳〉とよんでいる。

その後も、そしていまも、翻訳がいわば〈読む〉ことの根幹を成す「自由間接話法」の実践であるという認識に変わりはない。けれど実践を重ねることによって、「自由」という形容が融通無碍であることから徐々に離れて、むしろ宙ぶらりんでありつづけるための支点の強度をもとめているように見えるようになってきた。そして強度を獲得するために、わが言語的身体を「とほくて近い」地点に置かねばならないことも。

目次——遠まわりして聴く

遠まわりして聴く

イタリアのKawabata

二〇〇三年春、イタリアで川端康成の作品集*が、フランスのプレイヤード叢書を模した「メリディアーニ」という瀟洒な叢書に、日本語作家としてはじめて収められたのを機会に、その紹介をかねて、十一月、フィレンツェでこぢんまりした集会をもった。

一九五九年、『雪国』の翻訳刊行以来、半世紀近くを経てようやく本格的な作品集がまとめられたわけだが、イタリア語で読むKawabataは、ページを繰るごとに、日本語で読む川端からはうかがい知れない世界をのぞかせてくれる。

それは掻い摘まんで言うなら、〈翻訳〉という行為がもたらしたテクストのあたらしい貌の発見であるにちがいない。あるいは〈母語〉でなじんでいる作家に「外国」で再会するという奇妙で幸福な体験にちがいない。

イタリア語の翻訳者ジョルジョ・アミトラーノによって、「お手軽なキット」とよばれる紋切り型の日本の美意識をKawabataが背負わされるようになってしまった理由のひとつに、既存のイタリア語訳があることは確かだが、それは、翻訳の〈賞味期限〉の問題と、翻訳の（不）可能性の問題とをともに睨んで精査しても、解消されない現象かもしれない。

だとすれば、主としてイタリア語から日本語への翻訳に携わる者としてできることは何だろうか――そう自問しながら、冬の初めのフィレンツェで考えたこと。

＊

「外国文学をやる」というお世辞にも上品とは言えない表現が口をついて出るのは、たいてい説明するのが億劫なときと相場が決まっていて、後になって、曖昧な代動詞ですませたことを悔やんだりもするのだけれど、それでも最後は相手の顔を思い浮かべて、この言い廻しには、「外国語」で書かれた文学と「外国」で書かれた文学のちがいや、「外国」で読まれる「日本語文学」と「日本語」で読まれる「外国語文学」について考えることもふくまれているなどと言いださなくてよかった、と気を取り直すことになる。

数年前、イタリア語に翻訳された「外国語文学」を読む仕事を引き受けて以来、イタリア語でも日本語でも、いきおい「外国文学をやる」機会がふえるうちに、どうやら、この曖昧な言い廻しになじんできたらしく、いまではその摑み所のなさが心地よくもある。

心地よさをもたらしているのは、考えてみると、「外国文学をやる」と表現することによって、〈翻訳〉について個別論から一般論へと敷衍する際の余分な手間が省けるせいらしい。

翻訳においては、もともと言語間の往還運動を現場で（個々の具体例について）は繰り返しているのだから、翻訳者としては、作業の対象となるそれぞれの言語のどちらに立ってながめるにしても、その運動自体の様態をとらえることはできるはずなのだが、たいていは〈母語〉の側に身を置いて考えるのが自然であるかのように思いがちだ。しかし、翻訳の目標言語、つまり翻訳作業の結果としての母語は、いわゆる通常〈母語〉として想定される言語とは異なっている。それは、二言語間の往還運動によって、母語がいずれにせよ変形を免れないからだと、単純化して理由を述べることも可能だろう。あるいは、翻訳という作業自体が〈他者性〉の介入を回避しえないからだと言ってもかまわない。さらに踏み込んで、翻訳そのものが〈誤読〉の集積である以上、結果として〈母語〉は歪んでいなければならないとさえ言えるかもしれない。

いわば、こうした翻訳をめぐる一連の基本的かつ不可欠な問題について考えるにあたって、冒頭に挙げた「外国文学をやる」という曖昧な言い廻しは、曖昧さゆえの包括性を備えているらしい。「外国」と言うとき、それに対置されるのが必ずしも「国内」とはかぎらないように、「外国文学」に対置されるのは「国文学」ではないという自明のことが、この言い廻しを採用することによって、はからずも浮上してくる。それぞれの概念の集合体が共集合の連関としてではなく、無縁とも映るさまざまな間接的言及をもふくむ構造体としてとらえられるかもしれないことが、おぼろげに見えてくる。

とりわけ、翻訳を複数文化間に生じる〈誤読〉の集積としてとらえるとき、〈他者性を翻訳する〉、あるいは〈文化的複数アイデンティティ形成〉の契機としての翻訳という、すぐれて今日的な課題に直面することになる。それも〈誤読〉の集積のなかに創造的可能性を積極的に見いだそうとするなら、翻訳について考えるとは、たとえば、〈原テクスト〉・〈作者〉・〈読者〉の三者によって形成される構造体において、〈翻訳者〉はいかなる位置を占めうるのか、また占めるべきなのかを見極めることでもあるだろう。

しばらく以前から繰り返し表明していることだが、日本における翻訳の状況は、一九世紀イタリアにおける状況とよく似ている。仮に原テクストの携える記憶を〈過去〉とよび、翻訳の結果生まれるテクストを〈現在〉とよぶとき、翻訳の理想型は、この〈過去〉と〈現在〉が隙間なく重なり合ったものであるべきだと考えるなら、それはロマン主義に先立つ一七世紀イタリアの言語学者にして詩人・翻訳者チェザロッティやロマン主義のただなかでイタリア語の自立を夢見た言語学者にして作家ニッコロ・トンマゼーオの描いた理想に似ているからだ。

言うまでもなく、原テクストと翻訳テクストのあいだには、たえず干渉や衝突が繰り返されるから、時として、過剰な恣意性が翻訳テクストを支配することにもなる。たしかに、ある読者像を想定するとき、原テクストの言語に密接に連関したさまざまな間接的言及の集合は、それが仮説読者の地平から遠ざかれば遠ざかるほど、証明不能な翻訳の恣意性が干渉効果に取って代わることになる——これがイタリア語から日本語への翻訳の場合、通常起こる現象である(ふたつの言語はシンタックス・文体どちらも構造が異なり、語彙はしばしば等価物を欠いている)。

それゆえ日本語への翻訳はイデオロギー的操作、もしくは文化的政治学の作業に変貌せざるをえない。ただし、このとき翻訳は、〈改作〉や〈脚色〉、〈置換〉としての翻訳であって、それによってふたつの異なる文化のあいだに横たわる差異を乗り越えることを可能にするものでなければならない。

この意味において、哲学者ベネデット・クローチェに倣って言うなら、日本語への翻訳は、すぐれて「文学的かつ創作的(letteraria e creativa)」な作業であると言えるかもしれない。

つまり〈置換〉、〈パラフレーズ〉、〈模倣〉、〈翻案〉、〈脚色〉、〈改作〉、さらにときとして〈パロディー〉なども加えることによって、こうした、言うならば〈文学横断的操作〉が意味生成作用の基本的法則を有したうえで、あるひとつのあたらしい作品に接近することを目指すわけだ。

一方で、こうした〈文学横断的操作〉は、西洋における詩作品の翻訳に酷似してくる。つまり詩の翻訳が翻訳（不）可能性の問題を避けて通れないように、日本語への翻訳においてもこの問題がつねに突きつけられているからだ。それは積極的と言うか精力的な〈断念〉もしくは〈放棄〉についての弁明をいつでも口にする用意が必要になるという意味においてである。ある翻訳、ある解釈、ある註釈を行った瞬間、その直後につねに課される選択について、なぜある選択肢を放棄し、別の選択肢を採用したのか、その理由をつねに問われ、それに答える用意が必要だということだ。

しかしこうした必ずしも気楽とは言えない翻訳の義務に併走して、その愉しみ（ときには快楽とさえよんでもかまわないかもしれない）もあるということは正直に告白しておくべきだろう。そしてそれが甚だ疑わしげな愉しみであることも（記憶の人フネスのようなポリグロットでもないかぎり、あるいは、よほど無自覚に、ある文化的コンテクストに属する表現が何の支障もなく別のコンテクストに移行可能だと断言するのでもないかぎりはであるが）。

翻訳の愉しみ、それはもっぱら翻訳の最中に味わうことができる。カルヴィーノの言葉を借りるなら、「道草の愉しみ」とよべるものだろうし、エーコなら、テクストの展開につれて、そのテクストの戦略を自在に操りながら、作品生成の共同作業に参加する道を拓く希望に支えられた「推論的散策の愉しみ」とよぶものだろう。

少なくとも、きわめて距離の離れた記号体系において仕事をする翻訳者がしばしば特権的であると言えるのは、否応なしに、作者の〈共犯者〉となりうるからでもある。あるいは、読者に、たとえば虚構と現実の関係について思いをめぐらせるために必要な手引きをあたえることで、理性が眠りに落ちそうになるたびに一種のセラピーを施すことだってできるかもしれない。推論的散策を制限されるのと引き換えに、と言うより制限されたふりをして、テクストによるセラピーを読者に施すという希望、いわばそれが翻訳者の満喫できるかもしれない逆説的愉しみなのだとさえ言えるかもしれない。

＊

と、こんなことを考えながら、Kawabataについて話したものだから、それが翻訳論のおもむきを帯びることになったのも当然だった。

翻訳に〈賞味期限〉はあるのかという問いにたいして、件のメリディアーニ叢書に収められた〝Kawabata〟があたえる答えは一様ではない。ただ、その答えがもっぱら作家のイタリアにおける紹介と受容の歴史に左右されるものであったことだけはちがいあるまい。

一九五九年、『雪国』とともにはじまったイタリアにおけるKawabata受容は、六〇年代に翻訳刊行五点を数えるものの、よく見れば、作家がノーベル文学賞を受賞した六八年以降刊行されたものが過半を占めていることからも判るように、けっして持続を約束されていたわけではなかった。細々と営まれてきたものが賞の話題性によって俄に勢いづいただけの、あくまで一過性の関心にとどまることも十分にありえたのである。外国文学、それもとりわけなじみの薄い日本語作家の作品がどのようなかたちにせよ持続的な関心を維持していくためには、ノーベル文学賞による話題性だけでは不十分であることは、たとえば川端から四半世紀余を経て同じ賞を授かった大江健三郎のイタリアにおける受けとめられ方によっても証されている。一九六〇年代のKawabataは、読者の視線によって鍛えられることのない翻訳のたどる宿命であるとも言える〈受容以前〉の状態にさらされていた。たとえば須賀敦子による『山の音』の翻訳がその出来映えにもかかわらずさしたる反響を呼ばなかったのは、読者の側に、作家の作品世界に分け入るための素地が欠けていたことを意味するだろう。そしてなにより、サイデンステッカーによる英語訳の影響下でイタリア語に移された『雪国』がそのままほぼ半世紀を経て二〇世紀を超えてしまったという事実自体、そうした状態から抜け出すことのむずかしさをしめしている。それでも幸いにして、八〇年代から九〇年代にかけて、再刊もふくめると十五点におよぶ翻訳が発表されたのは、作家そのものへの関心の高まりと言うより、むしろ日本語文学・日本文化全般にたいする関心の飛躍的な増大の副産物だった。

端的に言えば、Banana という奇妙な名前を持った作家が巻き起こした社会現象とさえ言える日本現代文学ブームが、じつは Kawabata を後押しした結果、ようやく〈受容〉の準備が整えられたというのが実態だった。一九九〇年代以降、優に百点を数える日本語文学のイタリア語訳書のなかに加わることによって、はじめて Kawabata が読まれる環境が整備されたのだと言ってもよい。

だがそれは、Kawabata がそれまでのようにTanizaki、Mishimaだけでなく、Banana、Haruki、Ryu と並んで、いわば文学史的文脈を離れたところでながめられるという未知の光景の出現をも意味していた。見渡せば、紋切り型に浸食された古風な日本像と隣り合わせに、『キッチン』や『ノルウェーの森』や『限りなく透明に近いブルー』がつたえる端正と混沌のないまぜになった無国籍都市をかかえこんだコスモポリタンな〈いま〉があって、そのどちらも畢竟〈異国趣味〉の呪縛から逃れられずもがいているのに、やけに賑わい華やいでいるように見えるという事態が出来したのである。

文学の歩みが頁から、批評家の力のまったく及ばない魔法の白い四角形から、はみ出してどこか外へと向かおうとするとき、その歩みを追いかけるにはどうすればよいのだろうか？　洗練されたどんな道具を用いればエクリチュールの無限の反響を、果てしない彼方につたわっては消えてゆくあの波のひろがりを記録することができるのだろうか？

（ジョルジョ・アミトラーノ「雪の上の足跡」より）

編訳者アミトラーノが序文の冒頭で投げかけたこの問いが殊更ナイーヴに映るのは、必ずしも好ましいとばかりは言えない（どころか、〈受容〉のありようからすれば、かえって事態を厄介にしている）日本現代文学ブームの主翼を担っているのがほかでもない自分自身であるという事情があるからかもしれない。他のどの国よりも早くイタリア語に翻訳紹介した『キッチン』によって、思い掛けず吉本ばなな（当時）を現代日本の代名詞のごとく広めることになった経緯を、身をもって知っているがゆえの躊躇いと途惑いが反映しているのかもしれない。

たしかに『キッチン』とともに出来した「Bananaブーム」は、松浦理瑛子の『親指Pの冒険』だって、いまではおそらく覚えている人も少ないであろう竹野雅人のデビュー作だってイタリア語で読めるくらいの日本文学ブームへと拡大していったのだから、なんらかのかたちで火付け役としての責任をアミトラーノが取ろうと考えたとしても無理はない。その責任を取る機会がたまたま、Kawabataの作品集の編訳者としてめぐってきたにすぎない。

ただ厄介なのは、半世紀近い歳月がKawabataを、その作品とは必ずしも関わりなしに、日本の伝統美の代弁者に仕立て上げ、真性の「古典主義作家」の枠に囲い込んでしまったこと自体にある。ノーベル賞受賞記念講演にしても、多分にその表題「美しい日本の私」だけが一人歩きしているらしい現状を見れば、読まずとも諒解され共有されてしまう作家のイメージを修整することの困難は、主として現代文学の翻訳をとおして日本のいまをつたえようと格闘してきたアミトラーノには充分すぎるほど分かっていたはずで、それが今回の作品集成を編むにあたっての方針にも反映しているのは当然と言えば当然なのかもしれない。

件の序文に見られる躊躇いと途惑いは、だから、Kawabataという固有名に附着した紋切り型の日本のイメージを、まず作家から切り離したうえで、両者それぞれについてあらたなイメージを形成するという、ただでさえ困難な作業に、みずからも荷担し流布させてしまった〈もうひとつの日本〉を修整しつつ接合する厄介な引責作業をも加えずにはすませられないという、いわば翻訳者としての誠実さが生んだものだと考えることもできるだろう。

流布しているKawabata像に混乱の種を蒔くこと（……）。Kawabataをその伝説から排除するのではなく、伝説が固着しがちな紋切り型から作家を解放すること。そのエクリチュールの優雅さを否定するのではなく、そこには審美主義のかけらもないとしめすこと。作家と伝統との関係を過大に評価するのではなく、あたらしさにたいする尽きることのない好奇心を思い起こさせること。（同）

編訳者としての意図をアミトラーノはこんなふうに列挙していくのだけれど、掻い摘んで言ってしまえば、その真意は〈モダニスト〉Kawabataを前面に押し出すこと、同時代人としての作家のイメージを浮上させることにある。

そのためには本来なら、既訳をいっさい用いずにすべてみずから訳し直すべきなのだろうけれど、とりわけ諸般の（世俗）現実的事情から、それがかなわないとなれば、せめて収録する作品の選択と序文による解説において、今回編纂にあたった意図の在処だけは明確にしておこうとしたのだろう。

ある解釈意志のもとに訳出されたテクストは最終的にはその意志に拘束されるのだから、異なる解釈に立つ以上、あらたな翻訳が必要とされるはずであり、この意味では翻訳には明らかに〈賞味期限〉があって、期限を過ぎたテクストを提供することは翻訳に携わる者としては不誠実だということになってしまう——たとえば、こんなふうに言い換えることもできる編訳者の意図が反映された結果が、件の作品集成の構成なのだと言ってもよいかもしれない。

だとすれば、その収録が必ずしも本意ではないことをうかがわせたうえで、『伊豆の踊子』の真の主人公は「旅」なのだとあざやかに断言することも、作家の世界観を古賀春江の絵画になぞらえて「たぶんあまりにユートピア的」と躊躇いがちに指摘することも、すべてはKawabataをかれの生きた時代にいったん投げ返すことによって、その固有名にまとわりついた「紋切り型」を払い落とし、同時代の状況のなかであらたなテクスト生命をあたえたいとする意図の現れだと考えることができるだろう。

事実、短篇「片腕」を書くにあたって「Kawabataはブルトンをながめることなどせず、自分の内部を見つめたのだ」と、そこに「Kawabataとヨーロッパの歴史的アヴァンギャルドとの特異な関係」を看て取り、短篇「美と哀しみ」を「純文学と大衆文学の境界に位置する奇妙な小説」と規定し、「眠れる美女」について小説家ゴッフレード・パリーゼの評言を借りて「老いの傑作」と称揚するあたりは、編訳者としての意図の在処を端的にしめしている。分けても『山の音』をめぐって、急速に変貌を遂げてゆく日本にたいする「苦い絶望の認識」こそ主題であると指摘しているのは、倒錯した〈モダニスト〉Kawabataを浮上させようとするアミトラーノの意図の明確な現れだと言えるだろう。それは、Kawabataのエクリチュール全般にわたる特質を、『雪国』に言及しながら、作家の「存在条件」でもある「氷のような冷たさ」にあると強調している点に集約されてもいる。

いずれにせよ、翻訳の〈賞味期限〉に抗いながら、あらたなKawabataをイタリアに導入する困難に立ち向かった今回の作品集には最大限の讃辞を供すべきだろうし、併せて、翻訳に携わる者が誠実であろうとすれば必ず出遭う困難について、あらためてその打開の方途をさぐるべきであることも喚起しておきたい。

* Yasunari Kawabata, *Romanzi e racconti*, Meridiani-Mondadori, 2003.

「無位」であること

「美国国籍、常住日本」――かつて東京とよばれた大陸の「古い京」へ向かう列車のなかで、帰属する「国家」を問うた素朴な「流民」に答えて「ぼく」が言う。そこで「国籍」に関心をしめすか「常住」に反応するかで受け手の位置が定まる。あるいは出自と生活の場との関係に注意が向くか。

「おびただしい」という形容詞がなんの誇張でもなく、一気にのしかかってくるような大陸の国と、海をはさんだ島国の「日本語を書く部屋」とを往還しながら、旅の記憶を文字にうつした作家がいる。

トーンの上がったり下がったりする豊かな音節の残響がまだ耳の中でこだましている間に、

日本語の原稿用紙を広げて、大陸で聞いた声を、仮名交じりの文章に「翻訳」するような感覚で、つづる。座卓の向こうにある障子が真っ白な画面のように広がると、その上に想像の形が次々と現われて、中国大陸の風景が甦る。大河と砂漠と台地が、その昨日まであった現実性を失いかけると、逆に記憶された大陸が、島国の文字となって原稿用紙に滲む。

（リービ英雄「和室の中の大陸」）

二年余にわたる雑誌連載をまとめた書物『我的中国』（岩波書店、二〇〇四）は、通常なら紀行文と分類される作品集である。たしかに、北京、南京、鄭州、開封、洛陽、西安と、列車にバスにタクシーを使い分けながら繰り返されたリービ英雄の旅が、この書物のなかで、二十六様のかたちをあたえられつづられているのだから、これは紀行文集にちがいない。

けれど大陸の都市を歩きながら作家が目を凝らし耳を澄ますのは、つねに自身のアイデンティティへと跳ね返ってくる、「発展」という言葉のもとで正当化されてきた歴史の淵からこぼれ落ちそうな土地のたたずまいと人の声だ。あるいは、時代のおおきなうねりに呑み込まれたかのように見えて、立ち籠める埃の奥から放たれつづける強烈な光の束のようなものだ。そうしたものを「現実」とよびとらえようとする「ぼく」がつづった二十六の旅は、たとえば「革命」を「建国」と言い換えてみずからの〈いま〉を歴史に接ぎ木してしまう若者のなかにも流れ込んでいる四千年の記憶の痕跡に視線をそわせ手でなぞるような、紀行は紀行でも、幻視紀行とよぶのがふさわしい。
「革命の聖地」というイメージとは裏腹の、古都延安の典雅なたたずまいに意外を覚えながらも、「ぼく」のまなざしが眼前の「前近代」の景観より、「近代」の時間へとそそがれるのも、「ぼく」の旅の行き先が幻視のなかでしか像を結ばない〈時間〉であり〈記憶〉であるからだ。

辺境の都市の、建国ではなく革命記念館に、大陸を半世紀近く覆っていた「美学」がそのまま保存されていた。近代の時間の中ではこの「美学」がついこの間まで大陸の隅から隅までを支配していた。その「美学」の全体性がほぼ完璧に消えてしまった今、大陸に渡ったぼくらはそのことを忘れてしまいがちになる。

(……)「革命?　革命だって?　建国でしょう」とぼくの言い方を訂正した裕福で安定した生活を営んでいる北京の市民の気持ちが分かるような気がした。かれは忘れたかったのだろう。
どこまで忘れてどこまで思い出すかは、かれ自身が決めたことで、ぼくなどはとても推測できるような事柄ではない。ただ、言い直すことができてかれははじめて自分自身も参加した歴史とようやく共生できるようになった、それだけはまちがいないだろう。

（同「革命夢幻行」）

文化大革命による「改革開放」時にこの世に生を受けた都会の住民が「把握しうる手掛かりを失っている」のは、延安という前近代と近代とを視覚に凝縮して併せ持つ町に来合わせたからではない。分断されて見える視覚と記憶とが相互に干渉しつつかたちを変えてゆく「現実」に堪えられるだけの、ことばの強度を持てないからだ。「言い直す」ことをしなければ〈歴史〉のなかに自分の居場所を見つけられないとは、もちろん、なにを忘れ、なにを記憶に留めるかを主体的に選ぶことを意味している。それをとやかく言う権利は（「ぼく」が控え目に記しているとおり）仮にないにしても、言い直されることによって、なにが「死語」と化し、歴史の淵からこぼれ落ちたのかに目を凝らす必要はある——「ぼく」の旅がつたえるのは、そうした幻視体験に似た想像力による時間追跡報告でもある。

そして追跡される時間の内には、「大陸そのものから亡命した旧支配層の大人たちの清らかな北京語を聞いて台湾で少年時代を過ごしたぼく」の時間もふくまれている。

その時間は、河南省の奥にある洞窟の家（ヤオドン）を見たいと言いだした「ぼく」を乗せて「老公路《ラオゴンルー》」とよばれる古い幹線道路を走るタクシー運転手の北京語に混じる〈よどみ〉によって逆り、ふたたび流れ出したりもする。そうして甦った四十年前の「ぼく」の記憶の時間が大陸の半世紀の現実と縒り合わされる。

四十年前の、自分の国ですらなかった「國」を失った人たちの「國語《グオユー》」の記憶だけをたよりに、その「國」が在ったという大陸を旅して、「国」として、「新中国」として生まれ変わって半世紀も経つその現実を、どこまで把握できるのか、(……)

(同「老公路にそって」)

運転手の故郷でもある洞窟の家のある村にたどりついて「ぼく」が「把握」した「現実」は、いまは倉として使用されている住み手のいない洞窟の家であり、テレビの普及によってだれもが「美国《メイグオ》」のことも、世界のことも知っているという変化だった。そしてなによりも、「ぼく」にその村の農家が少年時代になじんだ台湾の農家に似ているとさ言いだすことさえ躊躇わせるような、〈消失〉という「現実」だった。

美国人《メイグオレン》だが、日本《ルーベン》に常 住《チャンジユー》している、と自分のことを説明した。しかし、「日本《ルーベン》」に対しては相手は何の関心も示さず、話題はひたすら「美国《メイグオ》」の方に集中した。「美国《メイグオ》」と「中 国《ジョングオ》」の問題は、政府の問題であって、人民の問題ではない、と農民の妻がおおらかに言いながら、プラスチックの丼にうす味の玉子スープのお代わりをまた入れてくれた。「日本《ルーベン》」からぼくが来たということは、かれらにとって何の意味もなかった。
(同)

〈消失〉へと向かうのは大陸の半世紀の記憶だけではない。重なり合う時間を持つ「ぼく」の記憶さえも、プラスチックの丼と同じようななにかに、ある日、あっさり取って代わられるかもしれない——そんな重苦しさから「ぼく」を救い出すことができたのは、「知的障害のある、いわゆる『村の白痴』だとそくざに分かった」十五歳くらいの少年だけだ。

せがんだタバコを幸せそうにふかしつづける少年をながめているうち、「国《グオ》」もなく、何「国人《グオレン》」もなく、大陸のことばが消えて、島国のことばも浮かばなかった。数分間つづいた沈黙に包まれて、久しぶりの解放感をぼくは味わった。
(同)

「国《グオ》」も、何「国人《グオレン》」も介入する余地のない状態に身を置くことの困難を、殊のほか知ってもいるし、またそれを「島国のことば」で表現しつづけている「ぼく」にとって、大陸で幾度も繰り返し遭遇する〈消失〉の「現実」は、胸元に突きつけられた鋭利な刃物となって、帰属先を「ことば」にのみもとめる生き方の選択を抉ろうとする。

それはちょうど、数字の洪水におぼれそうになりながら旅を繰り返す「ぼく」が時どき利用する「座席指定なしの」列車に乗り込むときに感じる寄る辺なさに似ている。「無位《ウーウエイ》」であること——どの「国」にも指定席はいらない、とみずからの位置を漂わせると決めたときからはじまった旅の宿命と、リービ英雄はたたかっている。

漂流する自分の位置を、どこにもあらかじめ指定された居場所のない状態を、あえて常態として生きる選択をした以上、ふつうなら「旅」とよばれる形態をとっての移動は、あくまで日常のなかにある。

厄介なのは、おそらく、そうした日常のなかでの移動がきまっていつもある種の過剰をよびよせてしまうことにある。とりわけ「島国」から渡った「大陸」での移動において、〈指定席なし〉つまり「無位《ウーウエイ》」であることは、氾濫する数字への埋没を意味する。たとえば、「一億三千万と十三億と十四億とぼくの月収」というふうに、人口と金額の、月並みだけれど目眩のするような換算のトリックによって数字の渦に引き込まれることもあれば、鄭州駅に蝟集する人と設備に目を奪われて引き込まれていくこともある。

ちょうど東西南北に走る列車がすべて交差する鄭州駅の、九つの待合室のうちの一つに、ローカル線の列車を待っている乗客が、一千人近くだろうか、固い木の椅子に座っている。ぼくは数字を確認しようと、椅子の数を数えてみた。一列にちょうど百席あり、全部で十列が人で埋め尽くされている。なかには立っている人もいる。
「無位《ウーウエイ》」、つまり座席指定なしの、河南省の東部に向かう列車をぼくは一千人の乗客といっしょに待っていた。鄭州から一時間の開封《カイフォン》への自由席の硬座《インヅオ》、「ハード・シート」の切符は五・五元、約七十円だった。ホテルの車で行くと五百元、約六千五百円かかる。乗り物によっては同じ旅路を行くのに九十倍の格差がある。

（リービ英雄「一つの省」）

数字の連鎖が、「無位」である「ぼく」の位置を、一見定めるかに見せて、じつのところは、ますます不確かにする。その「十列」や「一千」の、そして「十三億と十四億」のなかに呑み込んでしまう。と言うより、消し去ってしまうのかもしれない。巨大な待合室に鳴り響く駅のアナウンスに応えるかのように、「一斉に鬨《とき》の声」を「爆発」させ改札に詰めかける「一千人」のなかの一人になることで、かれらの外にいたはずの「ぼく」は、自分の意志とは関わりなく、数字のなかに消えていく。

十三億か十四億の中の、一人の体。

（……）

「無位」の乗客となって、知らない人たちの力によって車輛に押しこまれてゆくのは、肉体が数字と化したかのような、軽い感覚なのである。

（同）

その消失にともなう「軽い感覚」は、だが、「無位」であろうとする意志をいだく「ぼく」にとって、必ずしも快感のみを意味しない。存在を抹消されることと引き換えに、問われれば「美国国籍、常住日本」と答えることでみずからの《アイデンティティーズ》を伝えようとする「ぼく」の、もっとも拘っている「無位」の様態にたいする関心をかれらにあたえる機会が失われるからだ。

（……）ぼくはひとりでまわりの人たちの顔をうかがった。まわりの人たちの顔、市民の夫婦の顔にしても、人民解放軍の兵士たちの顔にしても、ぼくへの関心は少しも無かった。かれらはみんな、一人ひとり、大陸人として充実していて、大陸の外の顔などには興味はないのだ。

（『我的中国』傍線部は引用者）

大陸を旅すればきまって遭遇するこの〈無関心〉が、氾濫する数字の一個と化した「ぼく」＝リービ英雄のなかに、どれほど深くするどく突き刺さったかは、繰り返された大陸への旅のさなかに発表されたふたつの短篇「蚊と蠅のダンス」と「ヘンリーたけしレウィツキーの夏の紀行」に端的にしめされている。

たとえば、北京のいたるところで目にする大がかりな工事現場で働く人びと――かれらを「人民」とよぶべきか、それとも「流民」、あるいは「農民」なのか、と逗留先のホテルの行き帰りのたびに自問しながら、主人公「ヘンリー」がくぐり抜ける視線。

夕方、天安門広場からホテルにもどったときには、何千人ものかれらがおくる強烈な無関心の視線の中でヘンリーは歩くことになったのである。

（「蚊と蠅のダンス」）

「強烈な無関心の視線」――肉体が数字と化すことで得られた「軽い感覚」とはおよそ対極に

ある、「強烈」と形容される〈不在〉の確認体験がここにはある。そしてその「強烈」さは、リービ英雄にとって、あらかじめ予感されていたにちがいない。だが、その予感をはるかに上回って、大陸に「無関心の視線」は充満していることを発見したということかもしれない。

　どこのボーダーを越えてゆくときもそうだが、なるべく目立たないように、表通りからすっと路地に入りこみ、そこを歩きだすときから表通りを振り返らない。石とレンガの影の中でくっきりと映る自分の顔を、隠そうとはしないが、自分がそこを歩いている「当然さ」を、足取りと表情で何とか見せる。
　大陸の都市に残っている古い路地と同じような領域を子供時代の台湾でも歩いたことがあったので、「当然さ」は、単なるフリではなかっただろう。

（「洛中洛外図」）

　こんなふうに身についているはずの「当然さ」は、だが、「白い顔をもって」大陸の「路地」に足を踏み入れたとき、きっと通用しないだろうという「覚悟」もあった、と作家は告白している。ところが、そんな「覚悟」を裏切る反応が作家を待っていた。

踏みこんでみてまずぼくがおどろいたのは、そのような自分に対する他人のおどろきがどれだけ少なかったか、ということである。（同）

この予想を裏切る「無関心」の由来を、いずれにしても「伝統的な」ものと判断するところに、リービ英雄固有の体験と視覚が反映している。

一九五〇年代末、「大陸を回復することを助けに「ワシントン」から（……）島にやって来た」父親に連れられて過ごした台湾での少年時代（「蚊と蠅のダンス」）、「プリンストンと新宿の間を行き来して、万葉集と三島由紀夫と大江健三郎に没頭した」青年時代（「ストロング女史の写真」）、そして「中国大陸を、日本語で書く。島国のことばで、今の大陸を書く」現在へとつらなる歳月のなかで反復され実践される〈越境〉――最終的には「路地」を歩き拾い集めた「声」を「仮名交じりの文章に「翻訳」する」ことへと収斂していく、「国」を持たない意思の実践がもたらす視界には、つねになにか〈壊れゆくもの〉、〈失われゆくもの〉が映っている。

それは、あらゆるものが過剰である「大陸」に身を置き、その「路地」に分け入るとき、「島国」にいるとき以上に、鮮明にすがたを現すように見える。

あえて「無位」であることを選び取った作家にとって、大陸にあって「強烈な無関心の視線」に身をさらすことは、たとえば、「お前は俺にはなれない。俺のいるところにお前のいる資格はない」と眼で告げる「大男のＤＪ」（「蚊と蠅のダンス」）や、「十八世紀の皇帝につかえた西洋人が設計して、十九世紀のいつだったか、阿片戦争と日清戦争の間のいつかに、今度は英仏合同軍が大砲で破壊した宮殿の遺跡」を前にして体験する「一つの文字が浮かんでは、一つの文字が崩れ」る感覚（同）を、現実として受けとめ再確認することにほかならない。

みずから選び取った寄る辺なさが突きつける現実から目を逸らすことなく、過剰に氾濫する「声」のまぶしさを「島国のことば」でつづることだけを考えながら、リービ英雄は大陸を旅している。

郊外をあとにした列車の窓に、ほこりと競って光が立ちこめた。南下するにつれて、光が増すばかりだった。

ぼくはひとりで大陸の上を動いている。

この厖大な光を、どうすれば路地裏の部屋に持ち帰れるのか。

（「和室の中の大陸」）

「そのコ」のいるところ

からだを思いきりこごめて深呼吸する。たぶんそれは、ぼんやり浮かんだにすぎない記憶がいっこう振り払えなくて、あたらしい空気を肺に、そして脳に送り込めば、その記憶が追いかけてくるのをやめてくれるかもしれないという期待にすがっての賭けみたいなものだ。「桜の寄木」と題された詩のなかで反芻される記憶は、そんな賭けを繰り返しても容易にぬぐい去ることのかなわない子どものころの記憶、とりわけ母親のそれをめぐって、回想といまのあいだで「わたし」が縫い合わされる——とぼしい「腕力」で難儀しながらこなしているうち、「コツ」をおぼえた「桜の寄木」の床のワックスがけの記憶が、「きちょうめん」であることの「自負」の「過剰」であった母親の記憶へと、「わたし」を運んでいく。学んだのはワックスがけの「コツ」ばかりでなく、母親のやり方を「三分の一から半分くらいにはしょればちょうどいい」家の外での生き方も。おかげでいまは、母親を「このひと」と突き放してよべるくらいに、過剰にならずに踏んばっていられるのだと。

母親ですか
じぶんのこまかさにくだかれたっていうのかな
いまはかけらを継いでいる余生ですね
わたしはね
まだまだ　らせんにくるくると
三分の一から半分くらい

（「桜の寄木」）

ぱくきょんみが詩集『そのコ』（書肆山田、二〇〇三）のなかに見せる「わたし」は、いつもなにかを突き放している。突き放されるのは、もちろんまず「わたし」自身であるのだが、そうして確保された距離はもっぱらなにかをみつめるために必要なものらしい。たとえば、うつくしい視線はほんの間《ま》。喋る気もちをとてもうつしている。みずに重さがあるようにひとのことばは流れていきます。目が茶いろ、たくさん気づかうとことばを見届けられず、わたししかみません。
（「とても」）

と、赤ん坊をみつめ、そのことばにならないことばを受けとめるために、「わたし」は自身を「窓の外」に置かなければならなかったのだし、失踪した「籠の鳥」のゆくえをつきとめるためには、「蛇の腹」が「白くふくれて」いるという事実から目を逸らすことのできない位置に自分を追い込むことで視界を担保する必要が「あたし」にはあったのだろう（「四月」）。

それで
ひきだしをあけてみとめましょうか
ひきだしに蛇をしまいましたから
ひきだしもまじないにからんでまして
ひきだしの歳月はいまもって解きほぐせません
（「四月」）

とすると、担保されたのは、視界だけではなく、その視界の向こうにある「歳月」であり、その「歳月」をひきずって生きている「あの日から四月がめぐりくるたびに／こぎたない二本足になってしまった　あたし」自身でもあるらしい。時を隔ててみれば、籠を抜けたあげく白い腹のなかに収まった鳥こそが「あたし」の中身そのもの、いまあるのは「ぬけがら」だと判ってしまったから、「口のなかで苦い調べをまどろっこしく舐めてみた」りもする。

あるいはまた、待ち合わせの段取りがうまくつかずにやきもきしたあげく、ようやくすがたを現した相手のスラヴ系男性に、「かれがゆらゆら手をあげるので、わたしも手をあげた」りするときも、その男を相手に不忍池への道すがら自分の生い立ちを、「かれはフムフムと聞きつづけてくれているようなので、わたしのお喋りはつづく」と語って聞かせる（「一九九六年八月十二日午後五時」）あいだも、結局いつも「わたし」は「わたし」の被写体となって「わたし」にみつめられている。

このとき、「わたし」のカメラがとらえているのはたしかに「わたし」自身なのだけれど、そのフレームのなかには当然、被写体としての「わたし」の周囲に偶然居合わせたひとやものも収まっているわけで、結果として、被写体としての「わたし」はそうしたまわりの偶然の風景との関係性においてのみ、「わたし」として認定されることになる。

（……………………………………………………）とたんに、隣の電話の受話器を握った女子高校生がやおら電話をたたきだす。「こわれてるぅ」といっしょにいる仲間に言いながら、がんがん電話をたたきつづける。六件目にようやくたどりついた応答に耳を寄せても、隣の殺気立った女子高校生のがんがんで、かき消される。「うるさくて聞こえない」「たたいてどうなるの」わたしの目は女子高校生をにらみつけたはず。その子は電話をたたくのをやめた。目を合わせたら、その子のどんよりした眼にたじろぎ、その場を立ち去る、わたしである。

（一九九六年八月十二日午後五時）

詩集『そのコ』におさめられた作品中もっとも早い時期に書かれた作品のなかに登場する「その子」とよばれる「女子高生」と「わたし」が一瞬切り結んだ関係、あるいは「わたし」が「わたしである」ために必要とした存在としての「その子」という他者——それが「そのコ」と変化《ヘンゲ》して、二〇〇二年から翌年にかけ頻々とあらわれ、「わたし」を際立たせていくことになる。詩人ぱくきょんみと「そのコ」の出逢いは、おそらくこの作品「一九九六年八月十二日午後五時」にはじまったようだ。

そして「わたしである」ために、詩人ぱくきょんみがさがしもとめた「そのコ」が詩集のなかで見せるじつに十三の貌が、そのまま「わたし」の輪郭をくっきり浮かびあがらせる周到な撮影装置として機能しているとしたら、それはきっと、日暮里駅の公衆電話で「その子のどんよりした眼にたじろぎ、その場を立ち去る」経験を「わたし」が、焼き付けたフレームのなかにとどめていたからにちがいない。

その女子高校生「その子」が、「そのコ」になって、

キャミソールにジーンズ、うずくまった、そのコは顔をあげようとしない。ごく若い女のコ。少女はとうに絶滅した国だもの、いまでは若いコ、という呼び方しかないな、なんて唇なめながら、気を揉む。（…………）

（「そのコ」）

「わたし」の前にふたたび、それも執拗にすがたを現しはじめたのだ。

「そのコ」はなぜ「わたし」や「わたしたち」と視線を交わさないのだろう。なぜ、立ち止まっている「わたし（たち）」に触れることもなく、すんなり擦れちがっていってしまうのだろう。日暮里の「その子」が「わたし」をたじろがせ立ち去ることを余儀なくしたように、「若

いコ」以外によびようのなくなった「そのコ」も、「わたし（たち）」と関係を持てば持てるのに、なぜ通り過ぎるだけなのだろう。

この夏の日のちょっと前の
みどりのしじまに
ひかりのしじまに
かそけていく、娘もまた
十字路でそのまま立ち尽くして
何故ぶつからないのだろう
目も合わせないのだろう

わたしたち　と
ひらひら　と

ぶつかれ、娘

（同）

ぱくきょんみは、苛立っている。挑発にならないことばを内にたたきつけて、怒っている。それは、「そのコ」のいるところが、「わたし」の位置をみつめ、見定めるたいせつな手がかりであることを、よくよく知っているからだ。そうでなければ、「そのコ」は十三も貌を持っていたりはしない。

ぱくきょんみの「そのコ」は、ときに名前を持っていたりいなかったり、少女であったり少年であったり、そして昔の自分自身であったりもする。心地のよいリフレインにのってさまざまに変化する「そのコ」には、けれどたいてい、「わたし」や「あたし」とよばれる観察者が寄り添っている。仮に「わたし」や「あたし」が現れないときでも、少なくとも、「そのコ」に「あなた」とよびかける何者かが傍らにいる。

するとと、「そのコ」が十歳の「あたし」であるとき、かつての「あたし」をみつめるいま、いまの「あたし」がいることになる。

横断舗道のしましまと　踏みだす一歩が重ならないので

ふふっと　首をかしげて　ぼんやり
並んだ車のあたまがやけに揃って
上りも下りもずらりと揃って
ひとりの行進にひらかれて　ぼんやり
ひとりがあたしなので　はにかんで　ぼんやり
そうして　飛んだ

（「そのコ」）

おつかいの帰り道、舗道の向かいにみつけた「おばさん」に駆け寄ろうとして宙に舞った「そのコ」（＝「あたし」）のすがたが、いまの「あたし」の眼のなかに浮かんでいる。記憶が一コマひとコマ、ともかくもつながって、その映像に音まで付いてよみがえってくる。

おおきなひと　ちいさなひと　ちゅうくらいのひと
がっしりした手　細長い指の関節　爪ひとつひとつのカーヴ
たかい声　ひくい声　うわずりっぱなしの声
（どうした、どうした、どうしたんだ、車ニ轢カレタンダッテ）

ぎざぎざ　しましま　ばらばら　うすぼんやり

（同）

もちろん「うすぼんやり」なのは、跳ね飛ばされた瞬間の「そのコ」の感覚であって、いまの「あたし」の視界には、「うすぼんやり」していたこともふくめて、すべての記憶一コマひとコマが、鮮明に映っている。そして、追想された視界とよぶにはあざやかにすぎるその光景に触感までが加わって、いまなら、起きてしまった出来事を未然にふせぐことだってできるかもしれないと、「あたし」は感じはじめたのだろう。

おばさんを見たとき　飛んだ
飛んだのに　もう地に足ついている
黒塗りの下駄　かたっぽう　脱げている
そこで　止めて！
そこで　止めて！

（同）

けれど、その一瞬の出来事を落下する寸前で停止することは、いまの「あたし」でさえも、できはしない。十歳のときと変わらず、「そこで　止めて！」と心の中でむなしくさけぶだけだ――それは承知のうえで「あたし」は、あえて思い出のなかに跳躍しようと心を決める。詩の最終行に、感嘆符とともに記された「そうだね」ということばにみずからを奮い立たせるようにして、「あたし」は十歳の「そのコ」と向き合っている。十歳の自分を「そのコ」とよぶことで、「そのコ」の運んできた時間の堆積も、そこにこびりついていた憤りや嫌悪といった感情の澱を、いったん思い出のなかで濾過したうえでながめることができるのかもしれない。

自分と、それにつながる時間の堆積の茫漠としたひろがりとを、あくまで、ちいさな過去の（自分の）視点からみつめるという作業を、ぱくきょんみはつづけている。それが必ずしも詩という形式をとらなくても可能であることは、たとえば『庭のぬし　思い出す英語のことば』と題されたエッセイ集がよくしめしている。

太陽が背中にじりっと感じるから、ふり返ってみたら、校庭のもうもうとした土ぼこりのなかで、まだひかりに手をかざしている子がいます。

（「ひかりに手をかざす」）

ガートルード・スタインの『地球はまあるい』の一節をエピグラムに引いたこの文章のなかで、ぱくきょんみがみつめている校庭に立つ子も、「そのコ」のひとりなのだ。と言うより、実を言えば、『庭のぬし』という書物は、「そのコ」であふれている。かつてコザとよばれた町からの帰途、那覇の空港で見かけた涙を流す若い娘も、右手の親指が途切れていた転校生のよっちゃんも、そろばん塾のあった月光町の路地にいたバンビの目をした女の子も、フェリーニの映画のなかのジュリエッタ・マシーナも、高校生の「わたし」の胸をときめかせたさらさらの長い髪のナカさんも、みんな「わたし」のみつめる「そのコ」なのだ。それどころか、『ブレードランナー』に出て来る《戦闘士》レプリカントだって、取り壊されたベルリンの壁を訪れたときに出逢った野ウサギだって、「そのコ」の資格をそなえているように見える。「そのコ」がひとであるとかぎらない、生きものでも、ものでもありうるのだとすれば、それはもっぱら、「そのコ」をみつめる「わたし」、ぱくきょんみの位置に左右され規定される存在であるのだろう。

たとえば画家アイダ・アップルブルーグの作品〝Boardwalk Regency〟に描かれた窓の情景を前にいだく感想――「アイダがこだわる情景とは、とりもなおさず、わたしたちのあいだという距離感に関わっているようです」――が端的にしめしているように、「わたし」はつねに「そのコ」との「距離」を測定することでみずからの位置をたしかめようとする。そうして測定される「距離」は、「わたし」と「そのコ」のあいだの距離ばかりでなく、しばしば《過去》と《いま》との距離、時の隔たりをもあらわすことになる。

わたしはいま、17歳の高校生でもなく、ほんとは40歳の主婦でもなく、20数年も眠ったようにまどろんで、握りしめた右手の力をただ信じてきたのだなと、しずかに思うばかり。

(「右手の力」)

その右のこぶしにくるまれて、時の隔たりが《いま》の力に変わるのだと、詩人は告げているのだけれど、こぶしに力をあたえたのは、歳月のなかで「わたし」が出逢った無限に変化する「そのコ」であるにちがいない。「そのコ」は、すると、壁の崩壊したベルリンを歩きまわっていたとき、不意に「わたし」の眼の前に出現した失われた街の貌を帯びることだってある。

その濃い空気は、感傷的なノスタルジーをきっぱり拒んで、「世界の探しもの」を街のかけらから懸命により分けている――ちいさなちいさな意志の堆積でした。

(「世界の探しもの」)

ぱくきょんみの「そのコ」とは、「ちいさなちいさな意志の堆積」の謂なのだ。そして、その「意志」をささえるのが《ことば》であるという気負いのない確信があるから、連作詩「そのコ」は、しなやかな力に満ちているのかもしれない。

十代のわたしに、ことばをたずさえて生きることの重みを心底教えてくれた、詩のひとたち。霧の景色を追いながら、わたしはその詩のことばに立ち合うことを取り戻します。

（「景色の果てを」）

「そのコ」をみつめることは、詩人にとって、「ことばに立ち合うこと」にほかならない。その《立ち合い》の間が、「わたし」と《ことば》、「わたし」と「そのコ」、「わたし」と社会……、つまりは《他者》との関係のありようを測定する手がかりなのだ。そうして手がかりをつかめば、いま、ここで跳躍へと踏み切れることを、ぱくきょんみは知っている。

もういちど　飛ぼうか
もういちど　飛ぼうか
もういちど　とおのからだになって

もういちど　うつむいて歩きだせば
もういちど　飛べるから

そうだね！

（「そのコ」）

交叉する声

「それはよいはなむけだから」という言葉が引き鉄になって、過去が逆流をはじめる。アントニオ・タブッキの短篇「夜、海あるいは距離」に繰り返し現れるこの言葉「はなむけ《ヴィアティコ》」は、本来、死に臨んで冥界をめぐる旅路の糧となり指針となるはずのものだが、それがまるで呪文のようにはたらいて、過ぎ去った時間のなかの出来事をあざやかによみがえらせることもある――語り手「わたし」によって、「すべてを意味するとともに何も意味していない言葉のひとつ」と断定される老詩人タデウシュの発した言葉は、だが、もっぱらその「鼻にかかった皮肉まじりの声」として記憶されている。「わたし」たち友人を戸口まで見送りながら、詩について語ったタデウシュの言葉が、思いも掛けないはたらきをしめしたことに途惑いを隠せない「わたし」がそこにはいる。

そのときになって初めて、あの夜の事実がどのように起こりえたかを想像していた者は、タデウシュのその言葉が悪循環を生み出したことに気づいた。（……）そしてすべてが同じように繰り返された、あの夜のことを思い描いていた者の想像のなかで、パントマイムか魔法のように。

（「夜、海あるいは距離」）

「あの夜」とよばれる過去の出来事がエンドレステープのように果てしなく繰り返され巻き戻される。「それはよいはなむけだから」とタデウシュが口にした瞬間に、最初にもどって繰り返される。別れの言葉が発せられたとたんに別れが先送りされて、終わりはついに訪れない。それはタデウシュという人物が、じつはこの世の人ではないからだ――と考えざるをえないようにタブッキが仕組んでいるせいだ。

タデウシュ、その名を正確には、タデウシュ・ヴァツラフ・スウォヴァツキ。ただし、それが本名か筆名かは不明とされるポーランド系ポルトガル作家。リスボン市内の霊園に眠るその人物をたずね歩く物語、それが小説『レクイエム』であると、わたしたち読者はタブッキによってあらかじめ知らされている。しかも、語り手が「わたし」とよばれる存在であることも、そして「わたし」が、物語のなかではけっして名指しされることのない詩人フェルナンド・ペソアとおぼしき（ここでは「タデウシュ」という友人として記される）人物の〈内なる声〉によびよせられるようにして真夏のリスボンをさまよい歩いていることも、読者は知らされている。このとき、〈内なる声〉の源をたどれば行き着くタデウシュの居場所は墓のなか、つまりあの世であることに注目しよう。

タデウシュは「わたし」に、冥界から語りかけているのだ。『レクイエム』には、「ある幻覚」と副題が添えられていたことを、そして何より、「鎮魂」のための物語であると作者自身によって明言されていたことを思いだそう。

このレクイエムは、ひとつの「ソナタ」であり、一夜にむすんだ夢でもある。わが主人公は、同じひとつの世界のなかで、生者に会い、死者に会う。

（『レクイエム』はじめに）

生者と死者が同居する小説『レクイエム』は、だから、〈亡霊〉たちがこの世を徘徊する物語でもあると同時に、現つし身の手になる黄泉の国探訪記でもある——そう作者は読者に語りかけているのだ。このとき、リスボンの町の地理的条件だけは、精確無比に測量され描写されることによって、生者と死者とが交錯する此岸と彼岸の瀬戸際で繰りひろげられる妄想とも現実ともつかない出来事は、それが〈ありえない〉ということだけが確信できるリアリティを附与されるという、倒錯した世界へと回収されることになる。

この物語はわたしの人生を変えようとしている。いや、すでに変えてしまったのだ。これを書きあげてしまえば、わたしの人生はそれ以前とはちがったものになってしまうだろう。（……）この物語は、だれかがあとで自分の人生のなかで真似をして、現実の世界に移し換えてしまうだろう。

（『レクイエム』）

現実を虚構が浸食することに戦くほどに、「わたし」は〈亡霊〉たちとふかく交わっている。それでも物語を書きつづけるということは、そうした倒錯に「わたし」自身が身を委ねる覚悟を決めている証でもあるだろう。そう覚悟する以外に冥界と交わる虚実判然としない世界に身を置く方法はないという考えかたは、たとえば、ヒエロニムス・ボスの『聖アントニウスの誘惑』について語る模写画家の口を借りてもつたえられる。

いまはリスボンの国立美術館にある絵画がかつては修道会の施療院に掛けられていた来歴を

教えたあとで、模写画家は「わたし」に、伝染性の丹毒の一種で「聖アントニウスの炎」とよばれた皮膚病が蔓延した時代について語りはじめる。

その正体はウィルスで、(現在では)「帯状疱疹」と呼ばれています。(……)わたしはよく、こんな風に思うのです。帯状疱疹というのは、どこか悔恨の気持ちに似ているとね。わたしたちのなかで眠っていたものが、ある日にわかに目をさまし、わたしたちを責めさいなむ。そして、わたしたちがそれを手なづけるすべを身につけることによって、ふたたび眠りにつく。でも、けっしてわたしたちのなかから去ることはない。悔恨に対してわたしたちは無力なのです。

「悔恨に対して(……)無力」であるがゆえに、懲りずに幾度でも、小説を、虚構を書くことに挑むのだ——そうタブッキは告げているように見える。

ボスの不可解なまでに言葉と図像とが氾濫する表現の背後に「悔恨」がわだかまっているように、タブッキの妄想と幻覚の錯乱する世界の奥底にも「悔恨」が重くするどい根を下ろしていると言ってもよい。そして「悔恨」に為す術がないと知りつつも、そのつど幻覚のなかへと分け入っていくとすれば、その意味は明白だった。わたしの手球がこれから台上に描き出さなければならない、ありえざる軌跡は、その宵、その晩、自分があゆもうとしていた軌跡をそっくり映し出すものだった。そこで、わたしは自分自身に賭けをした。賭け、というのは正確ではない。それはむしろ、除霊、悪魔払い、運命への問いかけだった。

「悪魔払い」をもくろんで幻覚のなかをさまようなら、そこで亡霊に出逢い対話を交わすことは当然織り込み済みの事態にちがいない。

眠れなくなると、この部屋に来ては、窓のところに立つんです。灯台には明滅する光が三つありますよね。(……)ぼくはその光で遊んでいました。光のアルファベットをこしらえて、灯台を使っておしゃべりをしていたんです。(……)何か、目には見えない存在と。当時、ぼくは物語を書いていました。それで亡霊と話をしていたんです。(……)亡霊と話すなんて、ひとには勧められることじゃない。やってはいけないことだ。でも、うまく説明できませんが、ときどきかれらと話をする必要があるんです。それもまた、ぼくがここに来た理由のひとつです。

亡霊と話すために訪れる「ここ」とは、言うまでもなく、現世が冥界と境を接する場所だ。そして、その場所の在処を知らせるものは、きまって冥界からとどけられる「声」（短篇の表題を借りるなら、「何とは言えない何かによって運ばれる声」）であることを、タブッキは明かしている。

ありえない、きみに声があるはずがない。だがそうは思っても、頭のなかではこう繰り返している。どこから話しているんだ、タデウシュ、わたしに何が言いたいんだ？　不思議なことに、きみは完全に気づいている。声はもうそこにはなく、その部屋の人たちを通じてきみに話しかけることもないので、声をさがしに運を天に任せて表まで追いかけなくてはならない、ということを。

（「何とは言えない何かによって運ばれる声」）

タブッキはさらに、冥界からとどく声に身を任せる作家という存在は「臆病者」なのだから、こうした倒錯にふける「罪」と「妄想」は大目に見てほしいと、別の短篇（「以下の文章は偽りである。以上の文章は真である。」）のなかで、なかば居直った物言いをするのだが、それがけっして傲岸に見えないのは、かれの言う「罪」と「妄想」には、つねに「郷愁」と表現される過去へのまなざしが「畏れ」とともに張りついているせいかもしれない。そうでなければ、現世の声が冥界の声と交じわり、ときに入れ替わる事態など起こるはずもない。

　耳にとどく声の在処はどこなのか。此岸と彼岸、そのいずれからとも判然としない地点から発せられる声に、なぜかしらなつかしさを憶えるとしたら、それは、その声がふつうなら聞こえることのない、〈幻聴〉とよばれるものだからだろう——すでにたしかめたとおり、アントニオ・タブッキがある短篇の表題に選んだ「何とは言えない何かによって運ばれる声」とは、まさしくそうした〈幻聴〉のことだった。

　ただしタブッキの場合、〈幻聴〉は、もっぱら此岸から彼岸へと迷い込んだ者の身に起きる。いまだこの世にある者が死者の魂を鎮めるための「悪魔払い」の一環として、冥界から語りかけてくる「声」に導かれ、ふたつの世界のはざまにぽっかり空いた〈異界〉を経めぐるうち、不可思議な「郷愁」にとらわれる。不可思議なのは、なつかしんでいるのが、ついいましがたまでいた此岸をなのか、まだ知らないはずの彼岸をなのか、その両方をなのか、彷徨をつづけるほどにぼやけてくることだ。たしかなのは、こんな事態は〈ありえない〉という、「妄想」のリアリティだけ——生者の聴き取る「声」が保証できることがあるとすれば、そうした倒錯のなかのリアリティだけではないのかと、タブッキは、しめそうとする。短篇でも長篇でも、繰り返し、それもことさらに、現世の声と冥界の声とを交錯させ、ついには交替までさせてみせるのも、じつは、そうした倒錯のなかにしかリアリティはもとめられないという確信があるからだ。

ならば仮に、生者によってではなく、死者によって聴き取られた「声」もまた、〈幻聴〉とよぶにふさわしいリアリティをそなえているのだろうか。そもそも、死者が生者と同じ〈異界〉に迷い込み、「郷愁」をおぼえたりするものだろうか。

たとえば、男がひとり、夜の冷気と闇の静けさを吸いとった大きな土手の下にある「小屋掛けの一ぜんめし屋」に腰掛けている。食堂にいるのになにか食べるわけでもなく、「ただ何となく、人のなつかしさが身に沁むような心持で」腰を掛けている。

私の隣りの腰掛に、四、五人一連れの客が、何か食っていた。沈んだような声で、面白そうに話しあって、時々静かに笑った。その中の一人がこんな事を云った。
「提灯をともして、お迎えをたてると云う程でもなし、なし」
私はそれを空耳で聞いた。何の事だか解らないのだけれども、何故だか気にかかって、聞き流してしまえないから考えていた。するとその内に、私はふと腹がたって来た。私のことを云ったのらしい。振り向いてその男の方を見ようとしたけれども、どれが云ったのだかぼんやりしていて解らない。その時に、外の声がまたこう云った。大きな響きのない声であった。

「まあ仕方がない。あんなになるのも、こちらの所為だ」

（内田百閒「冥途」）

どうやらこの男、つまり「私」は、「空耳」でしか、隣り合わせた客たちの声を聞けないらしい。聴き取れはするのだが、それは「外の声」であって、「私」の外部からとどけられる音の無い「声」なのだ。

ここで「空耳」と表現される〈幻聴〉を体験する「私」は、だがどこにいるのだろう。隣り合わせたと言っても、実際客たちの眼に「私」のすがたは見えないし、「私」にしたところで視界は利かず、相客たちのすがたは「ぼんやりしていて解らない」。おまけに相客たちの話題の主は、どうにも「私」としか思えない。「私」は本来なら、「提灯をともして」迎えられるべきところにいるらしい。しかも「私」の耳にとどく「声」は無音なのだから、相客たちのいる向こう側とちがって、音波の振動をつたえる大気もない世界に「私」はいるわけだ。相客たちは、「私」からすれば向こう側だが、ふつうこの世とよばれる世界にいて、「私」まだ、あの世にたどり着けないまま、黄泉路をさまよっているらしい。

れでも、「私」には、先の声の主が口にした「仕方がない」という謂われも、「あんなになる」という結果でしめされる出来事も、「こちらの」と述懐される因果関係も、ぼんやりしたままだ。それでも、

俄にほろりとして来て、涙が流れた。何という事もなく、ただ、今の自分が悲しくて堪らない。けれども私はつい思い出せそうな気がしながら、その悲しみの源を忘れている。

と、もどかしさをおぼえる程度には、悲しい出来事がわが身を襲った記憶はかすかに残っている。そして、そのかすんだ記憶をよみがえらせる鍵が、その声の主である「五十余りの年寄り」であるらしいということも、当初から感じている「なつかしさ」が人恋しさであり、その対象が声の主であるらしいことも、「私」にはうっすら察しがついてくる。どうやら自分がなつかしんでいるのは、「しっとりとした、しめやかな団欒」であるようだと見当もついてくる。

そして「なつかしさ」の正体がはっきりわかるのは、「その人丈（……）影絵の様に」仕草の見えていた人物が、「蜂がいると云った」瞬間である。

「それは、それは、大きな蜂だった。熊ん蜂というのだろう。この親指ぐらいもあった」

そう云って、その人が親指をたてた。その親指が、また、はっきりと私に見えた。なんだか見覚えのある様ななつかしさが、心の底から湧き出して、じっと見ている内に涙がにじんだ。

「ビードロの筒に入れて紙で目ばりをすると、蜂が筒の中を、上ったり下りたりして唸る度に、目ばりの紙が、オルガンの様に鳴った」

やはり相変わらず無音でしかありえない声が、ここでは、あざやかによみがえった視覚の記憶によって補われ、「私」の「心の底」にまでとどいている。筒の中の蜂をせがんだ「私」にむかっ腹をたてたその人が、筒を庭石に叩きつけた拍子に飛び出した蜂——事の一部始終が瞬時にして「私」のなかで逆流し、映像としてよみがえったのだ。

「お父様」と私は泣きながら呼んだ。

けれども私の声は向うへ通じなかったらしい。みんなが静かに立ち上がって、外へ出て行った。

その人物が父親であったと判明した瞬間、「私」はひとり、その場に取り残される。冥界の人である「私」が「声」を持つはずもなく、泣きながら呼びかけたところでとどくわけもない――モノクロームのせいぜいが薄墨色の濃淡が見分けられるばかりの映像のなかに、大気を震わせずにつたわる「声」はたしかにあるのだけれど、それは、冥界の住人が聴き取る生者たちの発する「声」であって、ふつうその逆ではありえない。「私」が父親の追跡を最後にあきらめるのは、聴き取れるけれどとどけられない「声」のありように気づいたからだ。「空耳」は空耳でしかありえないのだと。

月も星も見えない、空明かりさえない暗闇の中に、土手の上だけ、ぼうと薄白い明かりが流れている。さっきの一連れが、何時の間にか土手に上って、その白んだ中を、ぼんやりした尾を引く様に行くのが見えた。私は、その中の父を、今一目見ようとしたけれども、もう四、五人の姿がうるんだ様に溶け合っていて、どれが父だか、解らなかった。

「声」を介した対話が不可能であると諦めたとき、それまで音の不在を補っていた視覚からも見放されてしまうのだとすれば、「私」に残された選択は、黄泉路を先に進むことしかない。

黒い土手の腹に、私の姿がカンテラの光りの影になって大きく映っている。私はその影を眺めながら、長い間泣いていた。それから土手を後にして、暗い畑の道へ帰って来た。

こうして閉じられる百閒の短篇「冥途」がわたしたちに告げるのは、たしかに、冥界へと引き返さざるをえなかった「私」の無力感と悲しみであるにちがいない。それは、だが、冥界かからとどけられる「声」に耳をすまし、対話を交わそうとつよく欲するタブッキのような存在が、「冥途」の場合、この世からさまよい出ることがなかったからにすぎないだろうし、「空耳」という〈幻聴〉のなかの「声」がリアリティを獲得するには、なにを措いても対話者を必要とするという単純な欠落を証しているだけなのかもしれない。

＊ 引用は、
Antonio Tabucchi, *Romanzi*, Feltrinelli, 2012.
— *Racconti*, Feltrinelli, 2005.
内田百閒『冥土・旅順入城式』岩波文庫、一九九〇。

夢の絵柄

一九八〇年、ポンピドゥー・センターで開催された展覧会「大地のすがたと地図」に足を運んだ作家がこう記している。

大地を描くことが、一方では天を、宇宙を描くことをうながし、同時にもう一方で自己の内面の地理へと誘う。

「地図の旅人」と題された文章にあるこの一節は、ルイ十四世時代、イタリアはボローニャ大学からパリに召し出された天文学者ジャン・ドメニコ・カッシーニが、その後一家四代にわたり六十年かけて作成したフランス王国全土の地図から、それ以前の地図にはきまって描き込まれていた人間のすがたが消えているという事実に気づいたことから生まれている。

古今東西、たとえば絵のなかに天球図が描かれていれば、そこには地球図が対になってある。平面でなく立体であっても、天球儀と地球儀は対をなして作成されてきた。そして、いずれにしても、それらの球体のうえと円のなかには寓意画や人間のすがたが、まるで空白を残すことをおそれるかのごとく丹念に描き込まれていた——一四世紀初頭、言葉を音声として発することができず、麻痺した右腕をかかえ、記憶を失いかけているわが身を奮い立たせるようにして、地中海の海岸線だけを描いた地図に、自分が出逢った人びとや獣のすがたを描き込み、神学的な寓意画や天使像、交合の図を加え、さらには文字で、不幸に彩られたみずからの生涯や世界の運命についての予言を書き入れたイタリア人司祭、オピキヌス・デ・カニストリス。あるいはモロッコの農村からフェズの新市街に流れてきた男が町の塀のそこかしこに残した掻き絵。都会になじめないわが身のすがたを、文字は識らないから不可思議な擦痕にして記録した秘密の地図。

大地に向ける眼が果てしない上空に、そして底知れない心の闇に、吸い寄せられていくことになるという地図の魔力を、カッシーニの無人の地図は思い起こさせたのである。

〈落書き〉と地図狂の特異な例として、オピキヌスは陸と海の地図の上に自己の内面世界を投影することのみを事としている。これと逆の方向をとって、十七世紀の〈気取り《プレシオジテ》〉の社会は、地図のコードに従ってひとの心理を表現しようとする。たとえばマドモワゼル・スキュデリの考えだした〈愛情の地図〉がそうだ。そこでは湖は冷淡さを、岩は野心をしめすといった具合に、平らなひろがりの上に投影されたさまざまな情念のあいだの距離や遠近の関係をしめす心理についての、この平面的、地形図的着想は、フロイトの心理についての重層的に構成された深部からの、垂直的で地質学的着想にとやがて席を譲ることになるのだ。

おそらく二〇世紀に生を受けた作家であるかぎり、フロイトと精神分析にまったく無関心でいられたはずがないことは、たとえ生涯、けっして直截に登場人物の内面を描かないとみずからを律した小説家にとっても例外ではあるまい。事実、その関心の在り処は、

わたしは内面的、実存的な革命を信じないというわけではない。だがこの点において今世紀の偉大な出来事（そしてたぶん産業の新たな局面における必要条件）が、フランツ・ヨーゼフの父権的帝国の領土内において成し遂げられた父親にたいする革命、ひとりの精神病医と若い夢想家、フロイトとカフカによって成し遂げられた革命だったということだ。

だがわたしにとっては、フロイトもカフカも「本能的」とは思えない。わたしがふたりを手本とみなすのは、どちらも（それぞれの方法で）硬質で、無愛想で、釘のように素っ気ないからだ。

（「迷宮への挑戦」）

と、すでに一九六二年の時点で明言されてもいる。

ひとの内面は、あくまで目に見えるもの、可視の世界に反映される仕草や知覚、空間によって表象されるものだと考え実践してきた小説家にとっては、だから、たとえば〈地図〉によって表象される〈内面〉というものがあるとすれば、それは恰好の「手本」でもあるだろうし、フロイトとの関係で言えば、精神分析ではなく言語遊戯と心理の連関が表象にもたらしうる可能性を体現したものとも映ったにちがいない。

芸術活動における無意識と組み合わせゲームの関係は、現在流布しているなかでもっとも説得力のある美学的表明、美術と文学の実戦経験からと同様精神分析から示唆を引き出している表明の中心にある。フロイトは文学・美術に関しては伝統的な趣味の持ち主で、かれの才能の偉大さをしめすものは――美学に関連したテーマの著作では――あたえられることはない。精神分析の美学における可能性の鍵として、言葉遊びに関するフロイトの研究を第一に置いたのは、フロイトに着想を得た美術史家、エルンスト・クリスだった。もうひとりの美術史の才人、エルンスト・ゴンブリッチは、この考えを著書『フロイトと芸術心理学』のなかで発展させた。

（「サイバネティックスと幻影」）

言語の交換可能性をすべて実現しうる〈機械〉としての文学――「文学機械」と小説家が名づけた装置――のなかで描かれる人間のすがたは、それゆえ、たとえばその深層心理など取り沙汰されることのない、フロイト的な人間像よりはスティーヴンソンやジャック・ロンドンのそれに似ていると言えるかもしれない。それは、とりわけ、描写が夢に関わるとき顕著になる。

夢のなかで、なにか蠍か蟹のような動物に片方の脚、それも太腿のあたりを咬まれているような気がした。かれは目を覚ました。（……）ようやく自分のいる場所がのみこめた。怪我をした脚の具合がひどくなってきて、へたりきって倒れ込んだのだけれど、仲間の通った道を見つけだすには闇が濃すぎた。

（「不実の村」）

そもそも、わたしたちの小説家にとって、夢にまつわる描写はおどろくほど少ないうえに、ほんのひと握りの例外を除けば、それらは特定の視線を共有している。その視線が縁取る図柄は、先に挙げたマドモワゼル・スキュデリの〈愛情の地図〉に似て、けっして垂直ではなく水平の、あくまで「平面的・地形図的」な〈夢の地図〉とよべるように見える。

それは、町についても、また夢についても同じなのです。想像しうるものはすべて夢に見ることができますが、いちばん思いがけない夢とは、いわば騙し絵のようなもの、何か欲望を、さもなくばその裏返しの、恐怖を隠しているものです。町もまた、夢と同様、さまざまな欲望と恐怖で築かれているもの。たとえその話の糸が秘められ、規則は不条理、見透しはまやかしであったとしても、あらゆるものが別の何かを隠しているのです。

――わたしには欲望も恐怖もない――汗《カーン》は言い切った。――わたしの夢をつくるのは、精神か、さもなくば偶然だ。

（『見えない都市』）

夢もまた、小説と同じく、組み合わせのゲーム、いわば「文学機械」の工程に発生する「精神か、さもなくば偶然」の産物なのだと、フビライの口を借りて小説家は言明する。夢と町とが等号で結ばれるのも、あいだにそうした文学装置が介在しているからだと言ってもよい。そしてかつて一九六〇年代、文学を「迷宮への挑戦」と位置づけた小説家は、等号で結ばれた町と夢にも「迷宮」のかたちをあたえることで、夢をも文学の内に包摂してみせる。

町の成り立ちはこんなふうに語られている――郷里の異なる男たちが同じひとつの夢を見る。女がひとり夜中に見知らぬ町を走っている。後ろから長い髪をした女を追いかけてゆくと、一糸纏わぬ姿だった。男たちは夢のなかで女を追いかけたのだ。それぞれが町を巡りめぐって、揃って最後は女の姿を見失うのだった。夢から醒めて男たちはその町を捜しに出かけたが、女は見つからず、鉢合わせするのは男たちばかり。ならばと、夢で見たのとそっくりの町をつくろうと肚を決めたという次第。街路を敷くにあたっては、それぞれが自分の追跡経路を再現し、逃げる女の痕跡を見失った地点に、夢のなかとは違って、二度と逃げられないように壁やら空間やらを設《しつら》えた。

こうしてマルコの語る町ゾベイデは、「二度と（……）逃れられぬ」迷宮と化すのだけれど、ここで「陥穽」とよばれ「醜い」と形容される町は、言うまでもなく、一点を除いて〈夢の地図〉を再現した結果にほかならない。しかも、その再現された〈地図〉が〈夢〉から〈文学〉へと旅した記録として生まれたものであるなら、その〈地図〉に描き込まれた絵柄を、夢の絵柄とつき比べながらたどってみることは、思いの外愉しい作業かもしれない。

皇帝フビライにマルコ・ポーロが語って聞かせる町のすがたは、どれもみな夢の残像をことばでつなぎとめようと築かれたもの、ことばで描かれた〈夢の地図〉であった。だからこそ、「わたしには欲望も恐怖もない」とマルコにうそぶくことで、フビライ汗はマルコの（そしてフロイトの洗礼を蒙った多くの者たちの）、夢を欲望と恐怖の投影とする単純に過ぎる論理を一蹴しようとしたにちがいない。偶然の産物でなければ緻密な知的操作による産物だとみずからの夢の由来を確信するフビライ汗にとって、町のすがたはあくまで風に舞う「凧のように軽やか」で、「レース編み」のように微細な透過性をもち、上質な「蚊帳」のように薄く「透明で」なければならない。それは「線条細工の町」がそうであるように、「半透明の虚構の厚みをとおして透けてみえる」はずだとフビライ汗は言う。

――わたしが昨夜見た夢をおまえに語って聞かせよう――とマルコに告げる。――なだらかにひろがる黄土のそこかしこに、隕石と漂岩が点々と、そのはるかただ中にわたしが眼にしたものは、細く尖った塔に囲まれた町、月が旅の途上で今回はこちら次はあちらと休息を取りに立ち寄ったり、起重機から下がる綱の先にゆらゆらしていられるような、そんな町だった。
するとポーロが——陛下が夢にご覧になったその町は、ラライージュです。夜空で休息をと誘うものは住民たちで、それも月が町にあるものすべてにかぎりない生長と増加を授けてくれることを願ってのことなのです。

(『見えない都市』)

こうして町のすがたがすべて軽やかさに収斂するかに見えるマルコとフビライ汗の遣り取りのなかには、たとえば死の影の射す憂鬱の気配が紛れ込む余地はないかのようだ。あるのはただ、フビライ汗の言う「偶然」の産物にすぎないはずの夢でさえも、「欲望」の産物である現実(のイメージであるララージュとよばれる町)に回収されてしまうという夢の迷宮性であるかのように見える。じつのところ、『見えない都市』と題されたテクストの群れをつなぎとめる蝶番があるとすれば、それはまさしく、いったん足を踏み入れたら逃れ出ることのできない迷路と化してしまう夢の迷宮性であるかもしれない。
その蝶番をより強固にしているのは、だが、軽やかさや偶然性とは無縁の、ある種宿命めいた回帰と反復のイメージであることもまた事実なのだ。それはこのテクスト群のなかで唯一実在の都市として登場するヴェネツィアのイメージ、それも地中海のぬけるようにまばゆい陽ざしふりそそぐ都市ヴェネツィアではなく、沈みつつたえず死の影に脅かされる都市ヴェネツィアのすがたに重ね合わされる。

偉大なる汗が夢見た、とある町。そのすがたをマルコ・ポーロに語って聞かせる。

――港は陽の射さない北斗に向かっている。埠頭はどれも城壁の下に打ち寄せる昏い水の上に高くめぐらされ、そこへ石の階段づたいに下りようとすれば覆った海藻に足をすべらせる。桟橋にはタールを塗り込めた渡しの小舟が、家族との尽きない別れを惜しむ旅立つ人びとを待って繋がれている。別れは言葉を交わすのでなく、涙で告げられる。寒さに、だれもがすっぽり肩被をかぶっている。渡し守の呼び声に名残も断ち切られ、旅人は艫にうずくまり、あとに残る人びとのいるあたりを見遣りつつ沖へと向かう。岸からは人影も定かではない。靄が立ち込めている。錨をおろした大船に並んで小舟が停まる。豆粒みたいになった影が梯子をのぼったかと思うと、にわかに掻き消える。錆びた鎖が舷にこすれ、がらがらと引き揚げられる音がする。岸に残った人びとは突堤の岩礁を見おろす塁の上から身を乗りだし、船が岬の向こうに消えてゆくまで見送っている。そしてまた、白い小布をふって最後の別れを告げるのだ。

――おまえは旅に出よ、海岸という海岸をたずね、この町を探しだしてくるのだ。――汗がマルコに言う。――そしてわたしの夢が真実であるか帰参して伝えるのだ。

――恐れながら、陛下、いずれわたしがその港から旅立つことに一片の疑いもございません。――とマルコが応える。――しかしながら帰参して陛下に申し上げることなどないと存じます。その町は現に存在しています。ただ簡単な秘密があるのです。すなわち知るは旅立ちのみにして、帰還にあらずという町であるということです。

ふたりの遣り取りにおいて名指しこそなされないものの、この町がマルコの故郷ヴェネツィアであるという事実は両者のあいだで暗黙の内に諒解され共有されている。フビライの夢に現れた都市が故郷であると気づいた瞬間から、マルコはいずれみずからの旅に終わりがおとずれることを意識しはじめる。広大無辺とも思えるフビライ汗の帝国を限無く見聞して歩く旅に終わりがあるとすれば、それは見聞の結果を集成した都市の総体が一個の都市、それもはるか昔に後にした故郷にして実在の都市、ヴェネツィアのすがたに包摂されてしまうと気づいたときだろう――マルコにはそれが判ったのである。それゆえ帰参して報告することはかなわないと応えたのだ。

このとき夢の迷路のそこかしこにすがたをのぞかせていた軽やかな都市のすがたは一瞬にし

て憂鬱をまとう。

けれど、それは振りはらったはずの欲望や恐怖にふたたび取り憑かれることを意味しない。むしろ、たとえばロバート・バートンの『メランコリーの解剖学』にあるような、啓蒙主義的な理性のはたらきに信を置いた見通しの利く憂鬱とでもよべるような、あるいはアリオストの騎士物語詩『狂えるオルランド』に充満する明るいペシミズムとでもよぶべき澄明な展望が開けていると言ったほうがふさわしい。

カルヴィーノが創りだした人物たちの多くがこうした〈明るい憂鬱〉をそなえていることを思い出そう。貧しい都市生活者マルコヴァルド、『遠ざかる家』の主人公クイントとその友人たち、『冬の夜ひとりの旅人が』の主人公である男性読者、そして誰よりも、『レ・コスミコミケ』に登場するフィオール・ディ・フェルチェ——かれらに共通するのは、見方によっては悲惨とさえ映る現実の状況からはけっして目を逸らすことなく夢を見る能力に恵まれていることだ。あるいは、いったんは逸らすものの、結局は視線が現実に還ってくることだ。たとえば『遠ざかる家』に登場するチェルヴェテリの場合。

チェルヴェテリがまた夢の話をはじめていた。「一匹の蛾でね、灰色の細かな流紋のついた大きな羽があって、なにかカンディンスキーのモノクロの複製みたいだった。いや、クレーのほうかな。で僕はフォークでその羽を持ち上げようとしたのさ。すると羽は灰色の白粉みたいに粉々になって、指の間からぱらぱらこぼれてしまった。羽のかけらを口に運ぼうとしたんだが、唇の間でかけらは灰のようになって囲り中に散ってしまった。皿の上にもかぶさったし、ワイン・グラスの底にも沈殿してしまって……」(……)

チェルヴェテリの両手はテーブルクロスの上で宙をさまよっていた。テーブルクロスには、パン屑やら煙草の灰、皿や灰皿でひしゃげた吸い殻がのこっていた。オレンジの皮はベンシの爪で半月形に切り刻まれていたし、ミネルヴァのマッチはバラバラになって、チェルヴェテリの指で細かな繊維にはがされていた。爪楊枝はクイントの手と歯で折られたりギザギザになっていた。

と、夢の描写のあとには、きまって幻滅の描写とでもよべる現実のすがたが用意されている。それは派手やかなハリウッド映画ばりの夢を語るフィオール・ディ・フェルチェの場合も例外ではない。

フィオール・ディ・フェルチェは、よく自分の見た夢を話して聞かせてくれたものだ。

「昨夜はね、私とっても大きな恐竜を見たの。恐いんだから。鼻から火を噴いているんですもの。近寄ってきて、私の襟首をつかんで攫っていってね、生きたまま食べようとするの。こわい、こわい夢だったわ。なのに私ったら、不思議なんだけど、ちっともこわがってないの、そうなの。どう言ったらいいのかしら、愉しんでいたのね……」

と、埒もない夢を次つぎ繰り出すフィオール・ディ・フェルチェに、ある時点で、この物語の主人公にして語り部QfwfQは、しばらく自問自答したあと、こんな言葉を投げつける。

こうした言葉を聞かされたときにわしの心をとらえたものは何だったのだろうか？　夢のなかの映像といっしょくたにされることへの嫌悪感だったのだろうか、それとも今や同情に変わってしまったかに思われたそのような感情の拒否だったのか、あるいはまた恐竜の尊厳についてかれらのだれもが抱いていた矮小化された観念にたいする不満だったのか？

わしはたちまち傲慢さの発作を起こし、身を硬くするなり、かの女の顔にむけて手厳しい蔑みの言葉をたたきつけたのだ。

「なぜいつもそんな子どもっぽい夢でわしを退屈させるんだね？　おまえはそんな馬鹿なことしか夢に見られないのか？」フィオール・ディ・フェルチェは途端に泣きだした。わしは偉そうに肩をゆすると、そのままそこを立ち去った。

恐竜と人類の生存を賭けた闘いのさなかに去来した夢の数々を無惨に打ち砕くことでQfwfQが告げているのは、もちろん夢の儚さだったり、現実の酷さだったりするのだけれど、それ以上に鮮明に浮かび上がってくるのは、こうしたおびただしい夢のあとには、それが粉々になってもなお生き延びる夢の痕跡があるということかもしれない。そうした夢の痕跡を描き残した絵柄を〈夢の地図〉として、ことばでつなぎとめておくことこそが、おそらくカルヴィーノの願いだったにちがいない。

＊　引用は、
Italo Calvino, *Romanzi e racconti*, Meridiani-Mondadori, 1994.
— *Saggi*, Meridiani-Mondadori, 1995.

批評の理由《わけ》

さしあたり一葉の写真からはじめよう。

一九五三年フィレンツェで出版された短篇集の表紙見返しにある「作者近影」。右の掌をこちらにかざし面立ちのうかがえないモノクロームの写真。

「作者近影」と断りがなされている以上、顔は見えなくとも、わたしたちはこの人物――顎と額の一部をのぞけば胸部からうえの情報は服装についてのそれしかあたえられていない――を、作者トンマーゾ・ランドルフィであると同定するか、でなければ少なくともその真偽のほどは当面詮索しないことにして、短篇集を読みはじめることになるのだが、だからと言って、「作者はいるにはいるが、できれば当人としてはいないことにしてすませたい」との本音が透けて見えるような登場の仕方に、「作者」というイメージをめぐる言説、とりわけ一九六〇年代末から急速に蔓延していった「作者の死」をめぐる言説の先触れを見ないふりのできるほど、「作者」の様態に無関心でいられるわけもない。

たとえば「作者とは何か？」（清水徹・豊崎光一訳、哲学書房、一九九〇）と題した講演（一九六九年二月二二日）の冒頭、《だれが話そうとかまわないではないか》とサミュエル・ベケットのことばを引いて、その無関心が日常化した事態こそが作者の「消失」を証すものだと切り出したミシェル・フーコーに、平然と寄り添いつつ議論の展開を追える程度には、たぶんわたしたちは「作者の死」になじんでしまったのだろう。

けれど二〇世紀がまだあたらしかったころ、未来主義の画家ウンベルト・ボッチョーニが五人の自分に円陣を組ませ写真に焼き付けることで、作者は無限に複製可能な存在かもしれないと告げた（『私　私たち　ボッチョーニ』一九〇七〜一〇年）ときも、その技法を踏襲して、パイプをくわえた五人の自分を出口のない無限反復の悪夢へと陥れてみせたり（『テーブルを囲むマルセル・デュシャン』一九一七年）、自分の創りだした女性であり架空の作者であるローズ・セラヴィに扮してマン・レイの被写体となったとき（一九二一年）も、もしわたしたちがその場に居合わせたとしたら、きっと作者を唯一固有の存在として扱おうとしないかれらの振る舞いに強い途惑いをおぼえたはずだ。当時はまだ、「それぞれの書物の作者は、自分の物語のなかで作者として利用するために作者が創りだす虚構の存在である」などと、偽書の効用を説くカルヴィーノのような作家は生まれていなかったし、なによりルネサンス絵画でおなじみの、観客を見つめる絵のなかの作者（たとえば絵のなかにブルネッレスキにアルベルティにマゾリーノがいて、描かれた作者マザッチョだけがわたしたちに視線を送っている）のありようのほうが、作品の意図を体現する主体としての作者という当時流通していた作者概念に近かったのだから、ボッチョーニやデュシャン（そしてマン・レイ）の作者をめぐる表象はやはり突出していたのかもしれない。

　それがたとえば、自分の両の親指の指紋を作品そのものにする（『右親指の指紋と左親指の指紋』一九六〇年）ピエロ・マンゾーニのような、視覚芸術における作者の記号性に着目した作品がふえるにつれて、その受け手であるわたしたち自身の作者をめぐるイメージも徐々に変化を遂げ、ついには作者という存在に詩学や批評の機能までがもとめられ注入されるという事態が出来する。

　先に挙げた講演の冒頭でフーコーが「作者の消失は批評にとって、（……）日常的主題となっている」と指摘したうえで、次の四点に作者の機能と位置を整理していたことを思いだそう。

1――作者名。それを限定された叙述として扱うことの不可能性。しかしまた、それを通常の固有名詞として扱うことの不可能性。
2——所有関係。作者は正確にいって自分のテクストの所有者でもなければ責任者でもない。その生産者でも発明者でもない。作品がある、と語ることを許す《言行為《スピーチ・アクト》》の性質はいかなるものか。
3——帰属関係。なるほど作者とは、語られたこと、または書かれたものが帰属せしめられるその人ではある。しかし、帰属は（……）複雑でしかも正当だと認められることのめったにない批評的諸操作の結果なのである。《作品》のさまざまな不確定性。
4——作者の位置。書物のなかでの作者の位置。（……）さまざまな型の言説のなかでの作者の位置。言説の場のなかでの作者の位置。

（「作者とは何か？」）

ここで目を惹くのは、フーコーによって腑分けされた機能存在としての作者が、たとえば美的価値の発生と附与に関わるプロセスとは無縁に見える点だ。フーコーの作者概念に関与する言説はもちろん芸術作品をも含むきわめて広範なものとして想定されてはいる。そして、この作者をめぐる考察が、じつは《モダンなるもの》（もしくは《近代》）の刻印を受けて以降の芸術システム全般の歴史と不可分の議論であることもたしかに見える。にもかかわらず、「作者の消失」という主題は、歴史的考察の結果としてではなく、もっぱらいわば《予言》として生き延びることになった。つまり、作者という役割は科学的言説同様、文学的言説においても消滅する運命にある――そんな誤解を受けがちであった。

だがフーコーの腑分けにもどれば、「作品がある、と語ることを許す《言行為》」と名づけられた行為こそ、ある特定の芸術的意図もしくは詩学にもとづく選択の主体として、「消失」した「作者」を再度位置づける起点となる批評行為でなければならないだろう。「作品がある、と語ることを許す」とは、あるテクストや絵画や写真（あるいはヴィデオ・インスタレーションでもよい）に、《美的価値》をあたえることを可能にする発話環境を整えるということだ。作者とよばれる（非＝）存在と作品とよばれる（非＝）存在とのあいだに回路を拓くための作業仮説を打ちたてることと言い換えてもいい。そのためのプロセスを、ときに《批評》、ときに《詩学》とよび、かろうじてわたしたちは、表現された仮説がなんらかの《美的価値》をそなえているという一点において、仮説が仮説のまま終わらずに済んだ結果を良しとして受け入れることができるのかもしれない。

おそらくこうしてはじめて、つまり《批評》か《詩学》とよべる何かを手にしてはじめて、「作者の消失」という事態とあらためて向きあうことが可能になるのだろう。

フーコーの講演に先立つこと二年、小説家イタロ・カルヴィーノもまた、領域を文学に限定してではあるが、作者の《消滅》について語っているのだが、そこにはいわば、《機械仕掛けの詩学》とでも名づけたくなるような、独特の理論的布置に支えられた《消滅》との向きあい方がしめされている。

わたしが認識していた文学は、ある一定の決められた規則――あるいは、さらに多くの場合、決められても定義されてもいない規則、だが一連の例や記録から推定される規則、あるいはなにか特別の場合に発明された規則、すなわち他の人びとが従う別の規則から導き出した規則――に則って、倦むことなく言葉を一つまたひとつと連ねていく試みの連続だった。こうした作業において明示され、もしくは暗示されたわたしという人物は、さまざまなすがたに、書きつつあるわたしと書かれるわたし、書きつつあるわたしの背後にいる経験的なわたしと、書かれるわたしのモデルとなる神話的なわたしに、細分化される。作者としてのわたしは書くことにおいて消滅する。

（「サイバネティックスと幻影」）

ことばの交換可能性を網羅した語りの装置を「文学機械」とよんで、物語断片の集積にこそ小説に残された余地ありとして実践をつづけた作家らしく、「直感」や「無意識」といった

「曖昧な領域」に支配されてきた美学理論の対極に、「規則」を設定し従うことで、伝統的な主体としての作者の「消滅」に対処しようというわけだ。いずれにしても、こうした《詩学》を手にすることがなければ、「わたし」とよばれる作者は引き裂かれたままであったかもしれない。

だが《批評》や《詩学》の獲得と引き換えに、作者の《消滅》もしくは《死》という事態をむかえる方途を見出したとして、そのとき作者がなおもとめられる行為とは、果たしてどのようなものなのだろうか。

その答えを手にしようと思えば、おそらくだれもが読み返すであろう短篇がある。「エル・アレフ」――言うまでもあるまい、ホルヘ・ルイス・ボルヘス、一九四九年のテクストである。

主人公カルロス・アルヘンティノ・ダネリは、どう好意的に読もうとけっして才能に恵まれているとは言い難い詩人。ただ、詩作に懸ける壮大このうえない情熱と野望がどこから生じるのか、そして何より、わたしたちの眼には凡庸としか映らない自作の詩篇に加える註釈の舌を巻くような出来映えは何故に生じるのか？　いったい《作者》とよばれる存在にもとめられる行為とは、どのようなものなのか――詩人ダネリの友人として作中登場するボルヘスによれば、その答えは、わたしには判った。詩人の仕事は詩作ではない。詩がすばらしくみえるための理由《わけ》をあれこれ創りだすことなのだと。

（「エル・アレフ」）

ということになるのだが、言い換えれば、これは《批評》なくして作者はおちおち死ぬことも許されないという、なんとも苛酷な状況にちがいない。

作者にもとめられるのは、すぐれた作品ではない、たとえ凡庸な作品であってもそれが傑出しているとみせる「理由《わけ》」を創りだすこと——作者という存在の延命策としておそらくもっとも困難な選択をした架空の詩人カルロス・アルヘンティノ・ダネリについて語るなかで、ボルヘスが明るみに出したのは、作者がけっして自立した存在ではありえない苛酷な状況であった。そしてこのとき作者の自立をはばむ一連の条件を、ときにわたしたちは《詩学》とよんだりもする。

「作者の自立をはばむ」とは、視点を変えれば、数多の選択肢のなかから特定のひとつを表現形式として採用するよう促す何かの媒介なしに、作者は作者でいられないという事態を指してもいる。その「何か」もしくは「一連の条件」は、かつて一九六二年にあたえられた《詩学》に関するひとつの定義、「芸術家がそのつど設定する作業プログラム、あるいは芸術家が明示的にもしくは暗黙裏に理解している生成する作品の企図といったもの」(『開かれた作品』第二版「序文」)と重なり合うように見える。

「開かれた作品」というあらたな仮説モデルにもとづいて、「作業プログラム」や「作品の企図」を概念的に解明しようとしたこの若いイタリア人哲学者の視野の内に、当時翻訳紹介されてまもないボルヘスの短篇群が早くも収められていた事実にあらためて注目しよう。当時ボルヘスは「ひそかな愛の対象」だったと哲学者が告白するのは、「開かれた作品の詩学」を発表してから三十五年後、一九九七年に行われた講演でのことである。

「エイナウディ社にこの本を出版するよう薦めておきながら、たった五〇〇部売ることもできなくて。読んでみてくれないか、とても美しいから」。そのときでした、わたしがボルヘスにはじめて魅せられたのは。この本をただひとり所有していたわたしは、友だちの家にあちこち出かけては、「『ドン・キホーテ』の著者、ピエール・メナール」の一節を朗読したものです。

(「ボルヘスそしてわたしの影響の不安」)

「わたし」が得意気に読み聞かせて歩いた「この本」とは、一九五五年、トリノの出版社から刊行された『伝奇集』を指している。若い哲学者ウンベルト・エーコにドメニコ・ポルツィオ訳の短篇集を贈った人物は、詩人で批評家のセルジョ・ソルミである。刊行の翌年か翌々年のこと、ふたりが連れ立って、ミラノのドゥオーモ広場を歩いていたときの回想からはじまる哲学者のボルヘス体験は、このあと自作への影響についての検討へと向かうのだが、ここではまず、「開かれた作品の詩学」の背後には、ボルヘスの読書体験が潜んでいたという事実を確認するにとどめよう。

少なくとも哲学者本人は当時、この体験について口を噤んでいたことを次のように弁明している。

当時、それでもあえてボルヘスに言及することはできませんでした。なぜなら作家はイタリアではごく少数の人びとにしか知られていなかったからです。ボルヘスが、(……)その他の全著作とともにイタリアに決定的に浸透を遂げるに至るのは次にくる十年のことです。わたしたちのあいだで「新前衛派(ネオアヴァングアルディア)」をめぐる論争が交わされた時代、ボルヘスは前衛派の作家とは見なされていませんでした。

この弁明についで、「次の十年」においてボルヘスが注目を集める存在へと変身を遂げるためには、方法論としての構造主義の浸透を待たねばならなかったと回想はつづく。

なぜわたしはボルヘスにたいする関心が構造主義とともに生まれると言うのでしょうか？　ただ実際、まさにボルヘスがその実験主義的な仕事を、ことば（パロール）ではなく概念の構造にたいして行っていたかぎりにおいて、構造主義的な方法論をもってしてはじめてかれの仕事を分析し理解することができたのです。

だがこうして繰り出される弁明混じりの回想からも、じつは《詩学》と《作者》のあいだに横たわる関係がはらむ両義的性質がその輪郭をのぞかせている。「開かれた作品」の属性である「明示的もしくは暗黙裏（……）の企図」を《詩学》とよぶとき、その属性は同時に《作者》とよばれる存在を規定するものでもあるのだということが、「新前衛派」と「構造主義」というみずから身をもってくぐり抜けた体験に重ね合わせてしめされているからだ。《作者》は《創作＝発明》なんてしない、すでにある何かを引き出してきて《発明》をよそおうだけだ――と嘯くような語り手ばかり登場させて、読み手を困惑させるボルヘスのような作家と出遭うことの不幸は、たとえばなんらかの《影響関係》について、迂闊に、あるいは無邪気に、取り沙汰することができなくなってしまうことかもしれない。実際、青年エーコが偶然手にした短篇集の最初の一篇からして、曖昧模糊としておよそ実証不可能な文書をめぐる《捏造》と見紛うような《創作＝発明》の物語で、そこにはたとえばロマン主義的な唯一固有な存在としての作者像が介入する余地はまったくない。替わってあるのは、まさしく「偽りの力」とのちに哲学者がある講演の表題に据えることになるような徹底した虚構性に支えられた存在としての《作者》にほかならない。

ホルヘ・ルイス・ボルヘスは「トレーン、ウクバール、オルビス・テルティウス」でどこにも見つからない百科事典のなかに描写された、おおよそありえそうにない国について話をします。この国についての調査から、それ以外の互いに剽窃しあうテクストに基づいた曖昧なそのほかの手がかりによって、実際に問題になっているのはひとつの天体のすべて、すなわち「その建築家とそのトランプ、その神話学の恐怖とその言語の響き、その皇帝とその海、その鉱物とその鳥類とその魚類、その代数とその火、その神学的形而上学的論争をも含め」た天体であることが明らかになってゆきます。この被造物は、「一人の無名の天才に率いられた、天文学者たち、生物学者たち、技術者たち、形而上学者たち、詩人たち、化学者たち、代数学者たち、倫理学者たち、画家たち、幾何学者たち…からなる秘密結社」の作品なのです。

これは、いかにもボルヘスらしい、発明の発明です。もちろん、ボルヘスの読者はボルヘスが何も発明しなかったことを知っているわけです。かれのもっとも逆説的な物語の数々は、《物語／歴史》の再読から生まれてきます。実際、あるくだりでボルヘスは、この作品の出典のひとつはヨハン・ヴァレンティン・アンドレーエの作品（しかしボルヘスはその逸話をド・クインシーから又借りしています）であり、そこに「薔薇十字団の架空の共同体が描かれ、その共同体は彼が予示したところに倣って、ほかの者たちによってのちに創設された」と述べています。

（「偽りの力」）

いずれにせよ、一九四一年十一月十日の日付を持つ件のプロローグにボルヘスが託したのは、とうの昔から《詩学》や《批評》の助けも借りずに作者が作者として生き延びることの困難に気づいていたがゆえに、事実上最初の短篇集である『伝奇集』に、言わずもがなのプロローグを添えることにしたボルヘスという作家を、さてわたしたちは「因果な」と片づけるわけにいかないことは、すでに見たとおり、アルゼンチンの作家より四半世紀余を経てもなお、フランスの思想家とイタリアの作家によって、その困難の深刻さがいっそう浮上しただけだったことからも充分に推し量れるというものだ。

たとえば寓意的な叙事詩と推理小説を組み合わせ、しかもそれが批評や註解という形式を採っていたとしても、それを《小説》であると認識することは可能であるし、むしろそうした短い混淆形式にこそ、《小説》の可能性は見いだせるという自己弁明のメッセージであるかもしれない。

浩瀚な書物の編纂者として、口で言えば数分もあれば事足りる考えひとつをめぐって、五百頁もくどくどしく説明を加える輩にみるのは、困難で報われることのない狂気！ それくらいなら、そんな書物はすでに存在していると見せかけて、その要約か註解でも差しだすほうがましというものだ。

（「八岐の園」プロローグ）

ボルヘスが述べる弁明は、《小説》のと言うより、おそらくは《発明＝創造》をあらかじめ封じられた《作者》という存在の可能性をさぐりながら繰りひろげられている。あるいは《消滅》を待つほかない《作者》に替わって、その位置を占めるものがあるとすれば、それはなんと名づけうるものなのかをめぐって展開していると言ってもいい。そしてそれが《批評》と名づけるのがもっともふさわしいことも承知のうえでボルヘスは変奏をつづけたにちがいない。

ボルヘスのなかにそれ以前にすでに存在しなかったような思考はないと言うのは、ベートーヴェンのなかにそれ以前にすでに生み出されなかったような調べは一音もないと言うに等しいのです。ボルヘスにおいて根本的なものとしてのこっているのは、思考の音楽をつくるために百科事典の非常に多彩な破片をつかう能力なのです。たしかにわたしはこの教えを（たとえ音楽という考えがジョイスに由来するものであっても）模倣しようとつとめました。わたしに何が言えるでしょうか？　なぜならボルヘスのこれほど直接的に麗しく記憶にのこる模範的なメロディーの前では、彼は神々しくピアノを演奏したのに、わたしはオカリナを吹いたというような気になるのですから。

（「ボルヘスそしてわたしの影響の不安」）

＊　引用は、

Umberto Eco, *Sulla letteratura*, Bompiani, 2002.

Jorge Luis Borges, *Tutte le opere*, Meridiani-Mondadori, 1984.

（『エル・アレフ』木村榮一訳、平凡社ライブラリー、二〇〇五、『伝奇集』鼓直訳、岩波文庫、一九九三も参照）

裁かれた小説

世界が小説をなぞっているのか、それとも小説が世界を模しているのか、と訊ねられたとき、たとえばノヴァーリスなら迷わずに、前者であるべしと答えただろう。わたしたちの存在は、わたしたち自身の手によって著された生を模したものであるべきだし、そうでないなら、ショーペンハウエルに倣って、大昔に一度読んだきりの小説そっくりのはずだと答えたにちがいない。

現実の生と小説とがたがいに重なり侵食しあうものであることに気づいたときから、いわゆるロマン主義が誕生したのだとすれば、もはやどこかで読んだことのある気のするものばかりと口癖みたいにスタール夫人が繰り返して以来、かれこれ二世紀が経とうとしていることになる。小説のなかで出遭った人物たちや出来事はわたしたちの内に堆積し、わたしたちの想像力の世界に影響をあたえるだけでなく、わたしたちの性格や行動様式を決定的に左右するようになり、遂にはわたしたちのアイデンティティそのものとして深く刻み込まれるのだと、一九世紀の初頭、わたしたちはすでに識っていたということになる。でなければ、「世界の小説化」などという発想がノヴァーリスに生まれはしなかっただろう。

だが世紀を重ねたところで、じつは世界と小説との関係をめぐる問いにいまだ確答をあたえることを躊躇わせる何かが、残っている、と言うより、膨らみつつあるように見えるのはなぜなのだろう。

それがどうやら、図像あるいは想像されたイメージの消費のありように関わっているらしいことは、たとえばおなじ倒壊した壁を前にして、ベルリンのそれと我が家のそれ、いずれを切実に感じるかと敢えて問い直さざるをえない事態が頻繁に起きていることからも分かるだろう。いわば我が家の世界と政治の世界（あるいは《私》と《公》という対項図式に単純化して《オイコス》と《ポリス》と古典的に言い換えたほうがいいかもしれない）――両者を分別することが無意味であるかのような状況が、わたしたちの前にひろがっている。世界は、そして政治は、もっぱらテレビやコンピュータのディスプレイを介して、言葉に映像に図像の伴った物語として、おびただしい生き物たちを引き連れて、わたしたちの家になだれ込んでくる。

こうして氾濫するイメージの飽和状態のなかで、冒頭の問いはたぶんこんなふうに書き換えられるべきなのかもしれない――《現実がまさしく想像力によって解体の危機にさらされているとき、現実の意味を救済することは可能か》。あるいはまた、《小説によって回路を拓かれた「非現実の原理」は、可能世界の飽和状態においてもなお有効かつ必要か》と置き換えられるかもしれない。

可能世界と現実とを分かつ境線がぼやけて見えるとき、ひとはともかくも、《いま、ここ》とは異なるどこかへと向からものだと繰り返し作品のなかでつぶやいた作家がいる。わたしたちは自分を苦しめる生活から逃れようとして、別の人生を夢想してみたりするものだけれど、それは想像のなかの世界が日常のそれに比べて、異様であればあるほどリアリティが膨らみ、唯一可能な現実として認識されるからだ――というのが、その作家、ルイジ・ピランデッロの言い分である。

たとえば、ある晩、絶望の淵に立つ男が手にしているのは娘の地図帳なのだが、そこから男は妄想の旅にのめり込んでいく。

娘の地図帳がなぜか七五頁のところで開いていて、丸まった端に書いてある「ジャマイカ」の《m》の文字だけ、薄い青インクが滲んでいた。わたしはずうっとジャマイカの島で暮らしてきたのだった。山並みは空の碧を映し、その北側は、浜辺から徐々に傾斜を強めながらゆるやかに連なる丘へとつながっていて……澄みきった海水の下には凄まじい大地震で沈んだポート・ロワイヤルの町並みがそっくり顔をのぞかせていた。サトウキビとコーヒーの栽園も、インド小麦にギニアの小麦の畑も、森も山々も海の底にひろがっていた。深呼吸をすると、大きな家畜小屋から流れる堆肥の脂ぎった臭いが熱気といっしょに運ばれてくる。感覚そして嗅覚、そしてすべてを視覚におさめて、わたしはそこにいた。太陽が大草原を照らし、男も女も子どもも、みんながそこで、かごを運び、収穫したコーヒーをひろげて天日干しにしている。こんなにも遠く離れた世界の片隅で、そのすべてがほんとうなのだと確かな手ざわりとともに信じられるなんて。

（「解決策：地理」）

埒もない空想旅行がこうしてつづくとなれば、これをたとえば現実逃避として、倫理的側面から見てもはなはだ危険な、《現実》という土壌のゆらぎがもたらした欲望と空想の世界の全面的勝利と見なすこともできるだろう。このとき直に危険にさらされているのは、意識と世界との関係だと言ってもかまわないのだけれど、問題はむしろ、その危険がいったん到来したあとは恒常的に存在するものなのか、それとも解消可能なのかということだろう。

その答えを、一九世紀よりさらに遡って、セルバンテスにもとめることもできるかもしれない。つまり小説（そして文学）は狂気へと迂回することによって、現実世界からの脱出と引き替えに惨憺たる悲哀をあたえることもあるのだと。あるいは、騎士物語を耽読し、遂には我が身を騎士になぞらえるどころか、騎士そのものに成りきろうとするドン・キホーテに対置されるサンチョ・パンサの果たす役回りこそが、答えを暗示しているのだと。つまり、《存在のあるべき姿》＝ドン・キホーテと《存在という現実そのもの》＝サンチョ・パンサのいずれに、わたしたちは荷担するのかという判断が答えとなるであろうということだ。

　その判断の拠り所となるであろう《現実》とよべるものがあるとすれば、それは固定した何かではなくて、流動し生成するプロセスとしての（これを《エネルゲイア》と考えればアリストテレス的な意味でのと言ってもいいかもしれない）事実の連鎖を想定すべきだろう。そしてわたしたちはこのプロセスとしての《現実》にとって上位にも下位にもみずからの位置を定めない。サンチョ・パンサとドン・キホーテのふたりがしめしているのは、じつは、この《現実》にとって上下どちらにも位置しない《端っこ》（もしくは《余白》）の位置取りが小説世界のなかでなら可能だということだ。それは言い換えれば、小説を介して、わたしたち誰もが自分のものとは異なるじつに多彩な生涯を想像の世界において同時並行的にしかも幾つも生きることができるということだ。

　ただし、そうした並行生活にプルタルコスのような規範的価値を見いだすことは不可能だろう。並行生活のそれぞれが、モラルと言うより、むしろ世界認識と複雑に深く結びついた植物繊維のように絡まり合っているのだとすれば、いかなるものであれ対項図式を適用する不用意なふるまいは、とりわけ小説と世界（あるいは現実）という関係性をめぐる考察においては、けっして許されないだろう。

ここで安易にボルヘスの短篇を引き合いに出さずとも、ピランデッロに再度拠って考えてみればすむのだけれど、アルゼンチン作家の手元にあるイタリア語訳でわずか四頁足らずのテクストは、小説における対項図式の無効性をたしかめるべく素直にシチリア作家の引用へと向かうにはあまりに誘惑的だ。そしてなによりも、その見事な短篇「裏切り者と英雄のテーマ」がシチリア作家に遅れること三十余年を経て、同一の主題について同一の視点を提供していることの不思議をたしかめないわけにはいかないからだ。

――アイルランドの誰もが認める英雄が裏切り者であることが発覚するが、あえてその事実を隠したまま、英雄として死をあたえるという選択の背後に複雑に作用する表象の多層性。その前で、裏切り者か英雄か、などと腑分けをつけることにどれほどの意味があるだろうか。もしここで意味のある対項図式がひとつあるとしたら、それは《ことば》と《もの》の対項関係だけであることを、シェークスピア劇の不本意な引用に甘んじざるをえない《裏切り者にして英雄》の死を演出する一族の末裔はあざやかに浮かび上がらせる。それは引用の不十分さこそが死の演出に意味をあたえうる唯一の手立てであることを《裏切り者》の曾孫は心得ているからだ。

それは、あらゆる表現は俳優の演じる役と同じく、最終的に《もの》の側に帰着すると考えていたピランデッロに通じる構えでもある。

《ことば》は《もの》に曖昧さをあらためて付与するからこそ価値がある。《ことば》はだから、表現のレベルと内容のレベルとのあいだで橋渡しをつとめるが、それは正確さをもとめる以上に曖昧さを浮き彫りにするためである——ピランデッロの考える《ことば》と《もの》の弁証法をこんなふうに単純化してみるとき、ボルヘスの短篇がしめす無用の対項図式の背後にひそむ詩学は、シチリア作家のそれと隔たりがないどころか、ほとんど重なり合ってさえ見える。

キルパトリックは自分を救い、かつ破滅させるこの細心な運命に熱中するあまり、一度ならず、その裁判官の書いた台本を即興の動作や台詞でふくらませた（……）やがて一八二四年八月六日、（……）予期された一発の銃弾が、裏切り者の、英雄の胸をつらぬいた。二箇所からほとばしる血にまみれ、用意したことばを発する間は男に残されてはいなかった。

（「裏切り者と英雄のテーマ」）

そしてピランデッロが短篇「勲章」によってわたしたちにしめしているのも、ボルヘスの言う「自分を救い、破滅させるこの細心な運命」にほかならないとすれば、わたしたちはそこに二〇世紀小説に向けて下されたどのような判断を読み取ればよいのだろうか。

英雄と裏切り者を分かつ手がかりとして、ボルヘスが残したのは、最後の一幕に挿入された『ジュリアス・シーザー』の台詞──凶弾に倒れる英雄の華やかさにおよそ似つかわしくないシェークスピアからの退屈な盗用に、後世は英雄の死に胡散くささを嗅ぎつけるはずと、ボルヘスは考えた。

裏切り者にあたえられた処罰、それが英雄として非業の最期を遂げるという迫真の演技による公開処刑であったとすれば、その演出された死は、たとえば不様で孤独なほんものの英雄の死より、はるかに英雄らしい。英雄を演じきることに熱中するあまり、自分が裏切り者であるという事実すら忘れてしまう事態を、「自分を救い、破滅させるこの細心な運命」と括ってみせたアルゼンチンの作家にとって、そもそも《英雄》と《裏切り者》とのあいだに截然たる差異が認められたからといって、そのこと自体にたいした意味はなかったはずだ。

それは、英雄と裏切り者、どちらとして在ることが《現実》かと問うたところで、結果、《非現実》と認定された一方の帰属する可能世界がリアリティを減ずるわけでないことからも分かるだろう。いずれにせよ、問題は、現実世界への帰属如何にではなく、可能世界におけるリアリティの有効性にこそある。

そして、短篇「裏切り者と英雄のテーマ」によってボルヘスが提起した《現実世界》と《可能世界》の関係をめぐる問題を、それぞれ《もの》と《ことば》の関係に置き換えたうえで、もっぱら前者の《曖昧さ》を際立たせることに後者の積極的機能を見るという視点を示唆しているのがピランデッロである。

たとえば一九〇四年に執筆された短篇「勲章」は、ボルヘスの短篇を克明にすぎるくらい予告している。短篇「裏切り者と英雄のテーマ」が「勲章」の変奏曲であるかのように映るのは、現実にたいする抜きがたい懐疑に由来する。それは《英雄》とよばれる存在のあやうさや胡散くささが、そうした存在を認知せずにいられない社会そのものから生じると識る者のみがかかえる懐疑と言ってもよい。いわゆる現実の尺度に則ってその真贋を判断するなら、ふたつの短篇は、ともに偽りの英雄を主人公として描いている。人物設定の共通性自体は、だが、ありふれたものだ。ともに真贋の判定に関わる尺度を流通させる現実こそが胡散くさくあやういと見極めている点が傑出しているのだ。

アイルランドの英雄にして裏切り者キルパトリックと異なり、ピランデッロの短篇の主人公シャラメは、少なくとも裏切り者ではない。シチリアでつましく暮らす老人が指弾されるのは、かつて弟の軍功にあたえられた勲章と栄誉を我がものとし、イタリア王国統一戦争の英雄を僭称してきたという虚偽によってである。志願兵の証である赤いシャツの胸を飾る七つの勲章が戦死した弟のものだったことが、老人の死に臨んで判明する。そして、長年、統一戦争志願兵の戦友会場として自宅を開放してきた老人には、戦友たちを欺いてきたという罪の意識がないことも。

あくまで自分を統一戦争の英雄だと言い張って譲らない老人の言い分を、ピランデッロは内的独白のかたちでなぞってみせる。

ほんとうに後を追いかけたのだ、自分が父親代わりになって育てたあの弟の後を。そうしてロバの背に揺られ、実際、カラタフィミの手前で追いつくと、両手を合わせて、このロバといっしょに帰ってくれ、死ぬと分かっていて、むざむざ死なせたくないんだ、その歳で、と頼んでみた。帰ってくれ、帰れったら！　弟はいっこうに耳を貸そうともせず、いつしか自分も、ほかの志願兵たちに混じっているうちに、熱気に打たれて、行軍を共にするようになっていた（……）。だが、両の脚が、脚が！　自分で両の脚が思うに任せない男に何ができるというのか？　兄と弟、ふたりはほんとうに苦しんだ、戦闘の最中も後も、口では言い表せない苦しみをあじわった（……）。戦争の恐ろしさなら知り尽くしたと思った。こうして自分が語っているのはすべて、この目で見て、聞いて、体験したことだ。要するに実際その場に、戦争にいて、どんなかたちであれ、参加していたからこその話なのだ（……）。勲章は、だが、自分で手にしたわけではない。もらったのは弟のステファノだ。でもふたりでもらったも同じこと。そもそも、ほかに何の自慢もしたことがないのだから（……）。他人様が自分にあたえてくれた名誉に自分が値しないなんて思わない。祖国のために充分すぎるくらい苦しんだのだし、借りがあったとしても、何年間も戦友会場を無償で提供することで返したはずだ。たしかに、弟の赤シャツを拝借して、その胸を、厳密に言えば自分のものとは言えない勲章の数々で飾りはした。だが最初の一歩を踏み出してしまったら、どうやって後に引き返せばよいのか。勲章なしではいられなくなって、人知れず幾度悔やんでは、その都度自分は哀れな弟に代わって国を挙げての祝い事にも出席したと考えることにして、詰まるところ、ディジョンで死んだステファノにふさわしい勲章の数々を胸に、本人に代わって祖国の祭りを味わうことにしたのだ（……）。

（「勲章」）

両脚の不自由な兄が戦場に向かった弟を連れ戻しに出かけたが功を奏せず、説得をつづけながら、いっしょに各地を転戦しているうちに、結局は自分もイタリア統一の熱気に感化され、苦難を乗り越え共に戦ったのだから、戦死した弟に代わって統一実現後の栄功をあじわって恥じるところなど、ついぞない――この長いモノローグからうかがえるのは、周囲を欺くことにたいする罪悪感などではなく、弟に代わって栄誉を受けて当然という強烈な自負である。けっして病理学的な妄想が宿っているわけでもない。自分自身も周囲の人びとも欺いているつもりもない。老人シャラメにとって、銃を手にすることこそなかったけれど、共に戦場にあって窮地をくぐり抜けてきた事実そのものが、弟の《遺産》を受け継ぐ正当な権利を保証するものなのだ。

老人の嘘を暴こうと意地悪く質問を重ねる「ほんものの英雄」、アミルカーレ・ベッローネに応えて切り出されたこの長いながいモノローグには、しかし、誰かを説得しようとする気配は微塵もない。むしろ死に臨んで、自分の生涯をたどりなおすことによって、みずからの信念に、真贋とは無縁の、揺るぎない輪郭をあたえようとするかのようだ。その際、シャラメがこだわるのは、すでに繰り返し強調してきたとおり、事の真偽ではない。どのようにして自分が弟とひとつの人格を形成してきたかであり、文字どおり影となって弟を追尾することによって弟と不可分の存在と化すにいたったかである。経験を共有することによって感情の差異を徐々に減じていくことが可能となり、その結果、個別の真偽、あるいは真実とよばれるものが価値を減じていく。統一戦争の体験は個人に帰属するものではけっしてなく、集団さらには全体によって共有されるべきものだから、《英雄》とは誰でもがなれる役割のひとつにすぎない――これがシャラメの信念であるとすれば、およそ世間の価値観と相容れないことは明らかだ。

ところがピランデッロは（そして短篇「勲章」のなかではベッローネをはじめとする周囲の人びとは）、事の真偽が明らかになったあと、棺におさめられるシャラメの遺体を飾っていた勲章をそのままにおくことで、老人を《英雄》として葬ることを選択する。

この選択は、現実世界の論理からすれば交換不可能なはずの役割（英雄と英雄でない人間）の消滅を意味すると同時に、いわば隠喩的な可能世界の論理に与するという表明でもあるだろう（仮に可能世界を隠喩的とよぶなら、現実世界は換喩的論理に支配されていると言えるだろう）。つまり現実世界の論理にしたがえば《詭弁》としか判じようのない物言いが、可能世界でならば、ひとつの真理となる。すると翻って、現実世界において《真理》とされてきたものに《詭弁》の影が差し、ときに信憑性を失い、ときに笑いを誘う事態が生じたりもする。

こんなふうに現実世界と可能世界のあいだに生じるかもしれない転倒を体現した人物が、ピランデッロの描いた老人シャラメなのだと考えてみよう。

最後は英雄のまま葬られることによって、シャラメは虚実の境を、虚構（＝可能世界）の側からわたりおおせたのであり、現実世界の論理に拠ってシャラメの嘘を嗤った人びとの滑稽さを明るみに出したのである。

「かれのために格別の葬儀が営まれた」――この短篇「勲章」の結びは、人びとが二度とシャラメという偽の英雄を嗤うことはないだろうという予言でもある。それは、だが、シャラメの嘘が滑稽でなくなったからではない。嗤うべきは、真の英雄か否かを見極めることに血道を上げる人びとのほうであり、そうした滑稽さを対象化しうるのはやはり滑稽さ以外にないことに気づかない人びとであることを、ピランデッロは識っていた。

《ことば》は《もの》の曖昧さをあざやかに浮かびあがらせるためにこそ駆使されるべきだと考えていたピランデッロにとって、「諧謔精神」と名づけた滑稽の背後にある心性が保証するのは、相対化の視点であり、その視点のもとに明確な輪郭をもって浮上してくるはずの唯一可能な現実としての虚構世界にほかならなかった。

《ことば》によって、ともかくも《いま、ここ》とは異なるどこかへと向かうことができさえすれば、たとえ瞬時にすぎなくても、現実世界への懐疑を、たとえば《滑稽》によって提起されるあらたな論理に支えられた可能世界としてたしかめることもできる――ボルヘスに先駆けてピランデッロがしめしたのは、こうした可能世界の輪郭なのかもしれない。

＊　ピランデッロの引用は、Luigi Pirandello, *Novelle per un anno*, Meridiani-Mondadori, 1986-90

すべての事実は

眼の前に、たとえば一面の草原。吹きぬける風に波打ち瞬時にして面持ちをかえる、そのながめを《地図》のうえに、あるいはなかに、封じ込めることで、視界に収めた光景から立ちのぼる感情をできうるかぎり抑制する——こういう手法もあったのか、と、繰りだされるユーラシア大陸は中央アジアの地名の背後から殺到する、濃密で低温の官能の気配と、怜悧で稀薄な視線の束に翻弄されつつ、十五篇七十頁余の詩集『水駅』を読んでから三十年ほどが過ぎた。

ことさらに、かつてなじんだ詩集のなかから『水駅』（書紀書林、一九七五）を、さらには『娼婦論』（檸檬屋、一九七一）を引き合いに出そうとするのは、同じ作家の六年ぶりに手にした詩集のなかに、頻々と三十年前の手法にあらたな口跡をつけて唄っているそぶりが目にとまったからだ。

詩集『心理』（みすず書房、二〇〇五）でも用いられているのは、地図帳、ただし、ユーラシア大陸のではなく日本の地図。舞台を移したから、というわけでもないのかもしれないが、郵便番号簿という手立てがあらたに加わったりもしている。地図帳に郵便番号簿が加わって、いまとむかしの時間が綟り合わされて、ことばの空間がいっそうひろがっていく。「空間」と言うより、身体になぞらえて「可動域」とでもよんだほうがふさわしい気がする。

読み進んでいくと、ことばの可動域をひろげるのに、じつは「郵便番号簿」なしでもかまわなくて、むしろ頭の片隅に眠っている（とりわけ読書の）記憶を目覚めさせることのほうが効果的であるらしいと推測させる詩篇がつらなっている。記憶が眠りから覚めて自在に時間と空間を往き来しはじめる。

アメリカ同時多発テロは
数カ月もたてば忘れるとぼくは直後に思った
忘れるあとのことを必死に考えれば
「アフガニスタン文学」を自力でさがしだし
それを記憶に残すことだけが重要だと思った
ぼくは詩や小説のことは忘れないのだ

本屋さんにどんな本が置いてある
子供は生まれて最初に何を読む
それだけでも知りたいと思うとき
ぼくは日本で最初の「アフガニスタン文学者」
になろうと思ったのだ

「美しい村」と題され、「堀辰雄生まれ、東京育ちの（……）彼女」から描きはじめられた詩は、こうして「九・一一」、ペルシャの詩人たちを経て、「日本で最初の「アフガニスタン文学者」」という決意表明にまでいたるのだけれど、自在に時空間を往還する作家の力強さを支えるものの正体がここで明かされている――「ぼくは詩や小説のことは忘れないのだ」と。「記憶に残すことだけが重要」であると考える者にとって、もっとも得手な（「詩や小説」の）領野で記憶と向き合おうとするのは当然の選択だ。

しかし厄介なことに、それでも、つまりどれだけ得手な領野であっても、記憶には「網の目のほつれから逃れ出るものと出ないものとがある」。細部がどんどん肥大し膨張するにつれて、それら細部をつなぐはずの「網の目」に空隙ばかりが目につくようになる。

だがそれとても記憶をたぐりよせようとしないかぎり経験しえない難儀なのだから、たとえ

ば当初は、

いまではなく、もっと後になって思い出したくなるときが来たら、きつく結えた靴紐をゆるめたときの、あのほっとした気持ちを、踏みしめた地面の感触を、栗のイガと野いばらの棘の痛みを、呼びもどすだけでいい。その棘が、歩みを進めるごとに毛糸を突き抜けて皮膚にささるからと、恐るおそる足を踏みだしたこと、幾度も立ち止まって確かめたしかめ、フェルトをあてた靴下の底にからまった棘を抜いても、すぐそのそばから新しい棘がくっついてしまったこと――あの瞬間を思い出しさえすれば、あとは何もかも、糸玉がほどけるようについてくるものだと思っていた。つま先や踵に大きな穴があいて靴下がほつれてくるみたいに、穴あきの靴下が幾重にも層をなしてからまりあいながら、棘という棘の内側で、草の穂や小枝や埃まみれの高山植物がからみついた糸くずをほどくように。

(イタロ・カルヴィーノ「ある戦闘の記憶」『サン・ジョヴァンニの道』朝日新聞社、和田訳、一九九九)

と気軽に瞬間の細部一つひとつが記憶の全体像をかたちづくるものだと信じ込みもする。膨らむ細部に翻弄されていると、「記憶を目覚めさせるどころか、あと知恵の言葉の殻でふたたび覆い隠すことになり、できごとを整理して、すべてを過去の歴史の論理にしたがって説明するだけになって」（同）しまうと判ってはじめて、「やはり聴覚だ。視覚ではない。音が記憶の手綱をにぎっている」（同）ことにも気づくのである。

わたしの記憶の糸をたどるためには、あのときの聴覚を総動員する必要があるだろう。押し黙った人々で埋め尽くされた田園の朝の不可思議な静寂。やがて銃声が、そしてありとあらゆる爆発音と連射音とが重なり合って、どれがどれだか判らない音になって聞こえてきたのは、それが空間の中ではなく、時間の中で、なにもみえない谷底で待機していたわたしたちの時間の中でしか、かたちをむすぶことがないからだ。（同）

ここに証言されているのは、《視覚＝空間》においてではなく、《聴覚＝時間》のなかでのみ、かたちをとりもどすことのできる記憶のありようである。のっぴきならない状況下での体験にもとづいて繰り延べられる推論を、地図帳片手に、「詩や小説のことだけは忘れない」という自負を支えに、記憶の時空間と対峙しようと、ことばで格闘をつづける作家の試みに引きくらべてみる。それは、三十年越しの《視覚》による記憶のたぐりよせと、一見、無縁の《聴覚》との関係、さらには時間と空間を縒り合わす「詩や小説」の記憶のはたらきについて考えることでもあるだろう。

たとえば一九七〇年の時点で、のちに現代詩作家と名告ることを撰ぶ人物は、「方法の午後、ひとは、視えるものを視ることはできない。」と、「視ること」の意思を誇らしげに断言していた。その詩、詩集『娼婦論』の巻頭に配された「キルギス錐情」によって確認できるのは、ほかでもない「視ること」の意思と、視認を得ずして消滅する《音》の行く処であった。この第一詩集と第二詩集『水駅』、二冊の詩集に共通する事態、《音》の消滅こそが、どうやら現代詩作家荒川洋治にとって、先に述べた「ことばの可動域」をひろげた結果、不可避的に出来した様態らしいことは、二冊に収められた二十二編が示唆している。

ことばの可動域は、「高地のアンソロジィ」と形容されるウイグル族の駆け抜けた「絹の道」のかしこに残された「静かな記憶の傷ひとつ」であったり、「落ちゆく地理に／気をもみながら負の風をうけて」いるすがたを「地図のうえに」視ることのできるキルギスの「樵夫」であったり、とことばの視界に収められ定着されることによって確認されていく。

そしてこの視認作業がもっとも禁欲的になされる場として《地図》が登場するのだけれど、《地図》のうえでは、色もかたちも、そして《音》さえも、すべてが「水平に書きたされ」（「楽章」）、「均される」運命にある。

西ロシア、クイビシェフ湖。水のおもてには、雪景がふるえながらひたされる。十分な野の音がしずんでいく。

雪はふりやまない。けさも少女にはしろい視界がさしだされる。風はいろをよわめながら、少女の絵筆の特別な速さにこたえている。ある呼び声にふりむくと、そのほそいうなじをしろい紙幣がつたいおちる。(黒い瞳は高く売れる。)そのちいさな女のからだがいつしか水に入る。

この眺めをみがきながら、きょうも地理院はあたらしい地図の制作をつづける。湖面は青の横線でしるされ、水際は青のくるおしいゆききによって果たされる。廃道には破線の茶があてられる。それから地図の上にも夜が来る。仕上げのように、しろい風がわたる。

少女は湖の底に、好きだった買いものよりも少し時間をかけて、しずんでいく。水面にはあらためて青い血がひろがる。やがて地図の上ににじんでくる。
ひとつの夜仕事であろうか。目をさました所員は、塗りおえたばかりの地図を再び灯下にひきだす。湖水の青い線の均衡はかすかにこわれ、いくらか肌の色をおびている。男は、不透明な昂揚をおさえると、いつものような補筆の作業にかかる。ひとつの追認のようにしずかに、いま水の色が均される。水の色、その水の色。

（「水の色」）

途切れとぎれの茶と、ゆたかな青、ひろがる白、瞳の黒――これらを均して描かれる《地図》のさしだす記憶とは、だが、どのようなものなのだろうか。
さしずめ国土地理院の所員といったところか、ひとり男が塗りあげていく地図のうえを時が流れるとき、一度それも丹念に塗ったはずの色に狂いが生じる。褪色、変色、いずれにしても二次元世界に本来異質であるべき要素、時間が介入することによって引き起こされる変化には、湖底ふかく息絶えた少女の流した青い血がにじみ、湖面にうすく肌の色が差すこともふくまれているらしい――詩集『水駅』所収のこの作に描かれる地図制作者の動揺は、「補筆」作業と称して水の色の修正をどうにか終える程度には醒めた感情をはらんでもいる。それをつくりものめいた官能として拒めば、そうした気配を立ちのぼらせる地図自体の存在も否定されるという確信めいた予感のもたらす体温の低さと言い換えてもかまわない。

そうした感情の低温は、わたしたちの詩人の場合、いったん《聴覚》へと迂回する方法を採ることもあるが、結局はすべてを《視覚》に回収することによって、たとえばふたたび《地図》のうえを走る等高線や陸や海の面を埋める色彩に「均され」、視えるものに還元されることになる。

方法の午後、ひとは、視えるものを視ることはできない。

(「キルギス錐情」)

詩集『水駅』に先立つ第一詩集『娼婦論』をひらく誘惑的な断言を思い起こそう。たとえばメルカトール、あるいはランベルト、いかなる選択の結果にせよ、特定の図法に則った地図の二次元世界を前にしたとき、いつもなら三次元の事物として「視えるもの」を視覚によってとらえることは実際には不可能となる。「視ることはできない」のは、けれどあくまで通常の視覚によって認知される「視えるもの」であって、そうした通常の知覚手段を手放すのと引き替えに、普段《視えないもの》なら「視ること」が可能になることでもある。ただしその際とらえられる視覚の領野は、先に《ことばの視界》と名づけてみた不可視のものばかりが棲息している場、なんらかの事情で失われたものたち、とりわけ《記憶》とよぶのが自然なものたちが生き延びている場であると考えればよいのかもしれない。でなければ、ひたすら「水平に書きたされ」「均される」《地図》という平面上で、なにかを視認する（「視ること」）はできない。

かつてフランスでひとりの王が領土を余さず写した地図作成に六十余年を費やしたときから、地図は感情や物語を排除する平面と化したのだった。それまで天球図と地球図が対になっていた時代はもちろん、一七世紀にいたってなお、マドモワゼル・スキュデリの「愛情の地図」のように、地図には決まって人物や動物が実在架空入り混じって克明に描き込まれたり、作成者のルサンチマンや歓喜の物語が文字としてあるいは色として書き込まれていた。つまり地図のうえで《感情の起伏》をたどることが至極ありふれた行為であった長い歳月が、ルイ十四世によって断ち切られたという歴史的事実をあらためて思い出してみよう。

以降、《感情の起伏》をたどろうとすれば、わたしたちの詩人がしたように、地図のかたちづくる平面を高みから見つめ、その《俯瞰的凝視》とでもよぶべき端から矛盾した方法選択を、現実の視覚認識としてではなく、もっぱら《幻視》のもたらす錯誤的認識に拠ることで成立させるほかなくなってしまったのかもしれない。

そうして鳥の眼をもって地図を見つめれば、その凝視の先をときに歳月が、そして記憶の痕跡らしきものが過ぎることは、三十年前の詩集二冊が存分に唄っている。

高地のアンソロジィがつづく。すぐれた室外が展開している。テンシャン北路はいまも、官位になびかないするどい標高をしめしている。静かな記憶の傷ひとつ。

地誌をよみさしの行人、その足どり。過ぎてゆくもののなつかしい気立てで、死そのものの素姓に帰っていけるのだ。一軒の絹屋を辞してから、この国を辞するまでの、風のみち。醒めた由来のぬれかた。

懶惰な霧のながれには、多くの音楽を聴きしった無事の感情がしめされている。搬入される久遠。それをむかえるしめやかなジュンガルの盆地。わたしは地形の向きにながれていく。

その向きにようやく、うすい日が暮れる。このような一日は、わたしにではなく歴史にとって堅く必要なのだ。湖底ふかくおとされた匈奴の影。そのなかばねむりかけた線分を、しぶきをおさえてひきあげる。遠く消え、消えることでながれつく絹の道のかおり。こころふかく、隠れウイグル族を走らす飴のような報せは、いつ。

（「ウイグル自治区」）

凝視の先を過ぎった時間のかたちを「歴史」とよび、「高地のアンソロジィ」として《地図》に刻もうとした詩人は、三十年を経てもなお、地図と歴史の織りなす不可思議な感情の起伏をたどろうとしている。それはかつて「静かな記憶の傷ひとつ」として視界に刻まれた山間の「絹の道」をうかがわせる標高線のつらなりや、そこから立ちのぼってくる大気にふくまれたあらゆるもの（人やけもの、音においい）がたしかにつたえる物語の在処をさぐりなおすことでもあるのだろう。

「地理」ではなく「心理」——表題に顔を出す「心」が地図と歴史をつなぐ起伏そのものであるらしい。いずれも《外部世界》（とそれを構成する時間や出来事、そして記憶）を、一方は《平面》に、他方は《内面》に、封じ込めたがために生じる《無理》を裏側に抱え込んでいる。

その《無理》が起伏となって現れようとするとき、「地図」と「心」が「歴史」と切り結ぶのかもしれないと、かつて「地理」の詩人であった荒川洋治は唄っているのだろうか。

住民基本台帳だの郵便番号簿だの、日本の地図もあれこれ、インドネシアにアフガニスタンにアジアのあちこち、それにスペインも、と相変わらず「地理」の詩人であることはやめはしないけれど、今回の詩集にはとくに数字が楔みたいに打ち込まれていて、それが「地理」の詩人を「心理」の詩人にも見せている。「心理」と詩集のなかでよばれているのは、一過性の感情の変化や状態ではなくて、むしろたとえば日本の《近代化》という長い歳月の裏側に張りついて時折起伏をのぞかせる《記憶》や《時間》といった、「歴史」の感情とでも言うべきこだわりやわだかまりの謂であるようだ。

そうでなければ敗戦直後の丸山眞男に現代の批評家（許萬夏さん）が絡まるようにして「つながる」もしくは「切れる」を繰り返す《理》も、中村光夫と丹羽文雄の「風俗小説」をめぐる遣り取りに「ぼく」が立ち会って頬をゆるめる《理》も、詩のなかに「詩「中央公論社」」と挿入詩が登場して、じつは「歴史の本は新しいものしか読めない」わけではけっしてないと断言することの《理》も、行き場を失ってしまうだろう。十四篇の詩のあちらこちらに顔を出す固有名（それは人名でも地名でもかまわない）がそれぞれに先端に時間を、歳月をぶら下げている。固有名はひとつとして「歴史」から自由でいられないと、「心理」の詩人でもある現代詩作家は突き放すようにして諭している。

巻頭に配された詩「宝石の写真」で、郵便番号によってしめされる秩父困民党副隊長の逃避行の足跡も、島崎藤村の父親がたどる『夜明け前』の生涯も、「歴史」として語られた（そしていまだ語られていない）出来事に貼り付いた感情の起伏（＝「心理」）を、地図の標高線をなぞるようにしてたどり潜りしながら、ことばの視界に抛り投げ差しだそうとする詩のかたちをとった《近代批判宣言》みたいなものかもしれない。

「ただみんなで集まって、ぴいぴい笛吹いて、年取っていく。こんなに長く続けると、わたしみたいに笛のへたな人でも、じょうずになるわね。でも、じょうずだった人が、へたになる」

すべての事実は日本でしか起こらない。

（「宝石の写真」）

詩集『心理』の作家がみずからことばにすることはないかもしれないけれど、あえて大仰な言い方をすれば、ここに収められた十四篇の詩はすべて《日本近代化の過誤》（それもいまなお進行中の）へと精確に狙いを定めた批判であるという意味において、詩によってつづられた日本近代思想史であると言ってかまわないとさえ映る。

地図のうえからどこの町を、どの湖を見下ろし、急降下して焦点を絞ろうと、その凝視の視線の先にはいつも《日本》（そして日本近代の歴史）が重たくぶら下がっている。

セルロイドの跡

文学と映画、いかにも月並みな取り合わせと分かっていながら、性懲りもなく両者の関係に思いをめぐらすとすれば、このふたつを取り結ぶ助詞に思いのほか吸着力があるからなのか。そして、助詞をはさんで往ったり来たり、たがいに交渉と浸透を繰り返すのは表現そのものなのか、それとも表現に携わる者のほうなのだろうか。

たとえばイタリアにおいても、文学者たちが映画に進出しはじめたのは、サイレントからトーキーへの過渡期のことだ。無声映画時代には、スクリーンに登場でもしないかぎり、原作者としてしか関わりを持てなかった作家や詩人たちが、フィルムにサウンドトラックが刻まれるようになったおかげで、脚本家として、既存の演劇作品や文学作品を映画用に書き換えたり、映画専用にあらたな作品を書き下ろしたりといった直接の関わりを持つようになる。あるいは直接製作者側にではなく、傍らで、あたらしい形を得た映画について解釈や判断を下すべく、あたらしい批評の方法を手さぐりしながら実践するようになる。それを作家による映画批評の誕生とよぶのはさすがに躊躇うけれど、少なくとも、この時期、ファシズム体制下にあった一九二〇年代末から三〇年代初頭にかけて、作家や詩人たちが大挙して映画（産業）へと繰り出し、思い思いに映画について語りはじめたことはたしかだ。そして以後、映画を評する文学者たちの系譜は、今日にいたるまで途切れることなくつづくことになる。

ただ、作家たちによる映画評のあり方はじつにさまざまで、映画館では素人に徹すると嘯いては、いわゆるB級映画まで幅広くあつかい、まちがっても教訓めいた言辞はのぞかせないディレッタントの韜晦から、映画はお手頃なカウンセリングと決め込む実用志向派、外国映画の細部にイタリア固有のアイデンティティを見いだそうと努めるナショナリスト、さらにはなにかとバルザックだのモーパッサン、ゴルドーニなどと文学作品に祖型をもとめる古典志向派、そして独自の映画の詩学を展開する本格批評派まで、容易には類型化しきれないほどである。

多彩このうえない作家による映画評を共通して特徴づける要素らしきものが仮に見いだせるとすれば、それは活動の持続性のなさであるかもしれない。つまり映画評に手を染める作家や詩人たちは多くの場合、長短の差こそあれ、いわば一時的に映画の側に繰り出してはみるものの、気がつくとふたたび文学の側に舞いもどっているということだ。文学世界の住人が映画の世界に仮住まいを繰り返しているといった趣である。

　そんななかにあって、アルベルト・モラヴィアは殊のほか特異な例に映る。ほぼ半世紀にわたって映画について語りつづけ、そのうち三十五年間は同一の週刊誌上に連載したコラムとして読者にとどけられたものだ。*あくまで小説家として映画について語るという姿勢を崩さなかったモラヴィアは、映画批評を生業とする人びととも、気の向いたときだけ映画評をつづる文学者たちとも一線を画し、独自の映画評を展開した。

　だから一九五〇年代後半に巻き起こったネオレアリズモをめぐるイデオロギー性のつよい論争にいっさい関わることなく、同時代の現象としてヌーヴォー・ロマンに関心を寄せ、六〇年代に入るとただちにヌーヴェル・ヴァーグにおけるロブ＝グリエの好ましい影響を指摘してみせることが可能だったのである。それはたとえば、アラン・レネの『去年マリエンバードで』についてつづった評に端的にあらわれている。

《視線派》の退屈で読むに耐えない小説と反対に、レネの作品はじつに気持ちよく観ていられる。

（「誘惑者の心理的武器」）

一九六一年十一月十九日付の週刊誌に掲載されたコラムには、レネの作品に惹かれたのは、そこに映画と精神分析の関係が描かれていること、そして大衆社会の進行しつつある変化を映画がどのようにして物語ることが可能なのかをしめしていること、この二点であると記されている。こうした評の加え方、分析の仕方が、モラヴィアの映画評を特徴づけるものであるらしい。それは、没後、作家の名前を冠した財団によって編纂された映画関係書誌（九三年刊）を繰ると、圧倒的な量のなかから浮かび上がってくる人文諸科学にたいする目配りのよさ、見通しの的確さとでも言うべきものだ。

もっともモラヴィアのことだから、方法論的ひろがりを大仰に喧伝するはずもなく、いつも至極つつましやかに（かつ悪意をひそませながら）、一篇一篇の映画について、きわめて具体的につづっていく。

それは自分の小説作品が映画化された場合についても変わらない（ちなみにモラヴィアは短篇もふくめ、もっとも多数の小説が映画化されたイタリア語作家である）。映画化されたのは『アゴスティーノ』（邦題『孤独な青年』）、監督はマウロ・ボロニーニ。一九六二年十二月のことだ。

批評家のなかには、どこまで本気か分からないが、映画と文学の関係を毛嫌いするむきがある。どうやら映画固有の発想が純粋なものだと擁護したいらしい。だがそうした批評家連中が護ろうとしている実体とは、いったい何なのだろうか？　いわゆるオリジナル脚本、せいぜいが五頁か十頁そこらの出来の悪い読むに耐えない、プロと称する脚本家連中がどうにかこうにか搾りだした脚本がそれか？　ひとたびプロデューサーが権利を手に入れたが最後、よってたかって百遍だろうと書き換えに書き換えを重ねなければならないあれのことだろうか？　はっきり言ってしまえば、「オリジナル脚本」とは、映画制作が美的文化的低次元に終始する最大の原因なのだ。（……）マウロ・ボロニーニの作品についてふれるなら、かつて『禁じられた恋の島』について述べたことを繰り返すほかあるまい。原作者としては、原作に忠実であれと監督に頼むしかできない。いや、いい映画を、最高傑作となるような作品を、つくってほしいと頼むことはできるはずだ。こうしていま、マウロ・ボロニーニはすばらしい作品を、かれの最高傑作の一本をつくってくれた。忠実さという点では、小説の本質よりは表層にあらわれているいくつかの要素に留意して変更が加えられている。（……）もちろん映画のイメージには、言葉に固有のニュアンスや細やかな段階をもとめるわけにはいかない。だが本質は裏切られてはいない。むしろその逆だ。

（「マルクス、フロイトそして青年」）

原作の変更に関してきわめて寛容であったことで知られる小説家の、監督ボロニーニにたいする物言いは、気味の悪いほど素直に見える。それはたぶん、小説家の関心が、監督の《わたし》が作品のなかに、どのようにどの程度まで巻き込まれたのかという、視点の問題に集中しているからかもしれない。

たとえば同じ六二年、パゾリーニの『マンマ・ローマ』を評して次のように述べるのも、モラヴィアの関心がパゾリーニの、ひいては監督全般にわたる《わたし》の視点がどのように描かれているかに注がれていることをしめしている。

パゾリーニは『アッカトーネ』がそうだったように、小説同様、ほんとうに自分にとって切実なことについて、つまり自分自身について、絶対に語ろうとしない芸術家であると言われてきた。それが今回、エットレ（登場人物の一人を演ずる俳優）にまつわるあらゆる部分において、これまでなら詩のなかでだけ可能だった事柄をみごとに表現している。まぎれもない内面の声で自分自身について語っているのだ。最後はマンテーニャを模したエットレの死にいたるのだが、そこでもみずからの死を、いくぶん自己陶酔に浸りながら、わたしたちにつたえている。

（「エットレは納得、母親はちがう」）

これはどの映画作品を、どの監督を評するときにも変わらないから、「ヴィスコンティにはいつも自己表現について、自分について語ることについて、あるいは自分に直接かかわる何かをつたえることについて、不可能とまでは言わないが、かなりの困難がつきまとう」とか、「ベルトルッチは、『革命前夜』によって自画像を提供しようとした」といった評言が頻々と読者の目にとび込んでくる。

こうしたモラヴィアの映画評をもっとも特徴的にあらわしているのが、『赤い砂漠』（六四年）評であるかもしれない。

アントニオーニの色彩とオブジェにそそぐ特異な視線を、小説家はアンフォルメル絵画に重ねてみせる。従来からアントニオーニの作品には二重のリアリティがそなわっていて、その《人とモノ》の二重性のなかで相互に疎外や空白が浮き彫りにされてきたのだが、『赤い砂漠』では、もっぱら《モノ》が狂気をはらんでいると指摘したのちに、おそらくブッリを想定したアンフォルメル絵画への暗示が顔をのぞかせる。

どうやらアルベルト・モラヴィアという稀代の映画狂にとって、結果として映画は、ナルキッソスの鏡を回避するための、曇りや汚れも透明性のなかにつつみ込んだ鏡像をうつすものであったらしいのだけれど、じつのところ、文学と映画、もしくは小説と映画、といった月並みな取り合わせがいっこうに魅力を失わない理由も、両者をはさんで立つ《曇って透明な鏡》にもとめることができるのかもしれない。

　生涯、優に二千本を超えるひとりの作家の映画評は、日記にも等しい。一九六〇年代前半には主としてヨーロッパにおける映画の展開に寄り添うようにしてつづられていたものが、七〇年代以降、形態としてはそれまでと変わることなくたしかに毎週誌上に掲載されていたにもかかわらず、印象としては気まぐれに、そして次第に間遠になって、まるで映画史からだけでなく、社会や政治の、「歴史的」と後によばれるであろう出来事からも疎遠でありたいと演出してみせるあたりが、いかにも日記らしいと映るのかもしれない。

　こうして演出された疎外のなかから、たとえばドストエフスキーとナンニ・モレッティ、ブリューゲルとパゾリーニ、D・H・ローレンスとベルトルッチ、バルザックとフランチェスコ・ロージといった、小説家や画家と映画作家との思い掛けない絆が次つぎと導きだされていく。よく見れば、それらはどれも、映画がまちがっても現実の鏡であったり模倣であったりしてはいけないという小説家アルベルト・モラヴィアの信念にもとづいて導きだされたつながりであるらしい。映画の最大の魅力は、まだ同時代の社会においてすぐには認知されないような兆候や記号をさまざまなかたちで、わたしたち観客の目に見えるようにしてくれることにある。そう考えるからこそルキノ・ヴィスコンティとトルストイにかかわる次のような比較も生まれてくる。

ヴィスコンティの映画『山猫』と小説『戦争と平和』はどちらも壮大な叙事詩に見えるかもしれないけれど、『山猫』の原作者トマージ・ディ・ランペドゥーサを蝕む精神の退廃からうかがえる洗練と辛辣は、トルストイのホメロス的とも言える壮大な自然主義とはおよそ相容れないはずだ。この意味において、映画『山猫』はまったく叙事詩などではない。

（「『山猫』の赤い後継者」）

映画も小説も現実の表層をなぞるのではなく、深奥部を抉りだす視線の在処をしめしてくれるからこそ惹かれるのだ、と繰り返すモラヴィアらしい言いぐさである。ミケランジェロ・アントニオーニは昼も夜も同じ一節を繰り返す小鳥みたいだと小説家が擬えるとき（「創始者のむずかしい愛」）、それは、映画作家の「成熟」を頌える最大限の讃辞にほかならない。あるいはオムニバス映画『ロゴパグ』に収められたパゾリーニの『リコッタ』を評して「聖像破壊の伝道者」とよび「天才」とまで讃えたのは、そこに「驚くほど深みのある生命力が波打っている」と見抜いたからだ。逆に、スタンリー・キューブリックの『二〇〇一年宇宙の旅』を「たんなる商品」とあしらい、マルコ・ベロッキオの『ポケットの中の握り拳』をその対極にある「芸術作品」と持ち上げてみせたのも、じつは同じ視線の在処をもとめた結果として生まれた評言だったと言えるだろう。
　そうでなければヒッチコックの『鳥』をめぐる次のような告白をあえて映画評として読者の眼にさらす必要もあるまい。

あろうことか、とんでもない思い違いをしたことに気づいた。なぜか眠気に襲われて、気づかないうちに映画がガソリンや家電製品のコマーシャル・フィルムに移っていて、またヒッチコックの映画『鳥』に、そしてまた気がつかないままコマーシャル・フィルムに変わっていた。なんだかこんなふうにして一本同じ映画を通して観たような、でなければコマーシャル・フィルムに登場した一家がヒッチコックの『鳥』にも出ているような、そんな気がしてくるのだった。正直に言ってしまえば、存分に幸せを経験したあとで、あの感じのいい一家がなんであんな酷い目に遭わなければならないか、そんなふうに映ったのだ。言い訳めいてしまうけれど、両者に似たところが相当にあったこともたしかで、テクニカラーという本物と偽物が混じった色遣いという点でも、スクリーン映えのする現実にはいそうもない人物たちが登場するという点でも、蠟人形館でお目に掛かりそうな安手のリアリズムと、非現実的で容赦ない現物主義とが同居している点でも、同じに見えたのだ。ほんとうなら、こんな錯綜した物語は手際よく整理して、ヒッチコックにはヒッチコックの物語だけ、コマーシャル・フィルムにはコマーシャル・フィルムの物語だけを返すべきなのだろうけれど、ちょっと手遅れだし、そもそも時間切れになってしまった。

（「サスペンスと家電製品」）

コマーシャル・フィルムと手法も映像もメッセージも変わらない映画など堪えがたいと正直に告白する小説家のことばからうかがえるのは、表層的であることにたいする拭いがたい嫌悪とでも言える、意外にナイーヴな、映画創生期に起源をもとめることのできる「第七芸術」とよばれた神話性にあふれた映画観であるかのように見える。映画館の暗闇のなかで、つい無意識や深層心理をさぐってしまう、つまりは気づいたら《わたし》さがしに精を出してしまっているありきたりの観客となんのちがいもない小説家のすがたがそこにはある。

こうして観客の日常が小説家の日常と重なっていると言い換えてもかまわないとすれば、小説家の遺した二千有余の映画評が日記のように見えるのも当然であるだろうし、そもそも日記の持つ恣意性自体、端からナイーヴなものであったことになる。

だが、じつはそのナイーヴな恣意性こそが作家として出発したときから小説家を支えてきた無類の体験の産物であったと考えでもしなければ、モラヴィアの大量な映画評の存在も、ピランデッロとダンヌンツィオという二〇世紀初頭の双璧を成す作家たちが映画に寄せる過剰な関心も、無数の小説家たちの映画体験を反映した小説や詩も、二〇世紀文化史における居場所を失ってしまいかねないことも、また事実であるだろう。

作家、脚本家になる(である?)前に、わたしは観客であり読者であった。ただちに、と言うのは幼いときからという意味だが、そうなったのである。あれほど刺激的で実りの多い季節は二度と訪れはしないだろう。(……)そうしてわたしは映画のおかげで、根本的な発見、世の中を安全に渡る通行証、そして精神安定剤を手に入れることになった。つまり「現実の持つ物語性を知覚すること」を映画から手に入れたのだ。映画には、さまざまな生の複製をつくることで、日常のものごとを、食卓や家や町や通りや昼食におやつに感情を、わたしたちに教えてくれる力がある。そうして昼下がりの光のなかで際立つ光があることを、ひとの生にはときに叙事詩としか見えないような出来事があることを(……)教えてくれる。

(リディア・ラヴェーラ「遊技の規則」)

こんなふうにスクリーンに射す光線の束が燈台の灯みたいに行き先を照らすことがあるという体験が、小説と映画双方で活動をつづける女性作家によって率直に回想されるのを見るとき、先に「ナイーヴ」と形容した恣意性がどれほど多くの作家たちによって共有され、変奏をつづけられているかがあらためて思い起こされる。そのなかには、たとえば十歳のサルマン・ラシュディにとって、映画『虹の彼方に』の体験がはじめてボンベイをめぐる十二頁ほどの物語をつづるきっかけになったという、後の長篇小説『真夜中の子供たち』の前史としか聞こえない逸話もふくまれるだろう。あるいは「わたしたちの想像力は、たぶんわたしたちの文化自体が、なにか最悪の映画作品によって誕生し育まれ息吹を吹き込まれることがあるのに、わたしたちは必ずしもそのことに気づいていない」と指摘したうえで、みずからのジョン・フォード体験をアリストテレスの詩学をめぐる思索の展開に不可欠だったと告白したウンベルト・エーコもふくまれるだろう。

そして誰より、「今夜ミリアムの夢を見た」と書きだされる短篇小説はもちろん、自作にとってのアントニオーニの示唆を隠さないアントニオ・タブッキこそ、二〇世紀の作家たちに刻まれたセルロイドの痕跡をもっともあざやかによみがえらせてくれる作家のひとりであるかもしれない。

アントニオーニは（『欲望』の結末を撮るにあたって）ありえないものと想像力を比較している。その起点には、じつに単純きわまりない考えにもとづいた無数の具体的な要素がある。

そうした原則がわたしにとって書くことへと自分を方向づけるきっかけになった。そのとき二十五歳だったわたしは、『欲望』を観たあと、無鉄砲にものを書くことで生きていこうと決心したのだった。(……)アントニオーニがくれたのは書くことへの決定的な欲望だった。(……)一九七五年にわたしの身に生じたもの書きになるという決心は、だが、映画との関係を変えるものではなかった。事実、同じころ、エイゼンシュタインを読むことによってずいぶんと影響を受けたものだ。当時エイナウディ社から出たばかりの『モンタージュ・レッスン』と題された書物に(……)強い感銘を受け、深い影響を被ったのだから。最初の作品『イタリア広場』の手稿は当初、伝統的な手法で書かれていた。それをエイゼンシュタインの教えに倣って、映画の手法で小説の構造を「モンタージュ」してみたのだ。じつに実験的であると同時に実践的な選択だったと思う。シークエンスを全部切って、実際にハサミを使って手書きの草稿を切っては床のタイルの上に並べ替えていく(……)。ほんとうに愉しくて、フィルムの代わりに紙切れを使ってモンタージュができるなんて不思議で仕方なかった。

(ド＝ベック『作家たちの映画』所収インタビュー)*

紙のモンタージュがことばのモンタージュであることに気づいたタブッキの紡ぎだす物語の

なかには、だから、セルロイドの跡がそこかしこに刻まれていて、わたしたちの視線をしばしば奪う。

* Alberto Moravia, *Trente ans au cinéma; de Rosselini à Greenaway*, Flammarion 1990. (*Al cinema. Centoquarantotto film d'autore*, Bompiani 1975).
《*Ecrire le cinéma*》, *Entretien avec Antonio Tabucchi*, in *Les cinémas des écrivains*, Etoiles du l'Etoile/Cahiers du Cinéma, 1995.

スクリーンのささやき

ときに現実よりも現実らしい、ありうるかもしれない、もうひとつの世界を提供してくれるのは、映画なのか小説なのか——作者の、そして語り手の〈わたし〉が奇妙に融け合う物語をもとめて、ジャン・ルノワールのもとで馬にせよ音楽にせよ、その調達に奔走しながら、青年ルキノ・ヴィスコンティが見いだしたのは、小説のパラレルワールドを映画に移行させる可能性であったかもしれない。

小説に描かれた支配階層の没落していくすがたばかり、スクリーンの上に蒐集した映画作家は、たとえば生涯ついにブルジョワジーを描かなかったパゾリーニと比べるとき、この対照的な結果をもたらしたのは、両者の映画にたどりつくまでの経緯なのかと考えたくなる。詩から小説を経て映画へとやってきたパゾリーニと、結局は小説を断念して映画に専念すると決めたヴィスコンティとでは、小説に寄せる期待のほどがちがいすぎたのかもしれないと思えるのだ。そして過大にパラレルワールドの可能性を信じたヴィスコンティでなければ、「カミュにとって観念でしかなかったものに、ひとつの顔をあたえる」という言い方で、小説『異邦人』を映像化する行為を、あらかじめ小説に内包された多様な意味世界の視覚領野における拡張・深化ととらえるような、小説と映画の連結を前提とする詩学を懐くことなどないだろう。

　言語記号を視聴覚記号へと翻訳するという強烈な意識は、それゆえ最終的にはつねに《ことば》に奉仕するものとして機能する。映像としてとどけられるモノたちは、どれも《書かれたことば》の持つ意味を翻訳することによって、拡充し明らかにするための文脈を形成する不可欠な要素としてある。とりわけメロドラマ性の濃い文学テクストは、映画に移し替えることによってはじめて、ことばの地層に眠っていた音や手ざわり、かおり、そしてひとの眼にうつる感情表現を抽出され、本来あるべき意味の多様性を発揮することが可能になる——ヴィスコンティにおける小説と映画の関係はおおよそこんなふうに要約できるかもしれない。

　原作である小説テクストを脚本化する過程で繰り返される、いわば視覚記号と言語記号の綱引きは、脚本に最終的に採用された記号すべてが一つひとつ価値を持ち保持されるよう、あらゆる予測不可能性を排除するために行われる。ヴィスコンティの場合、この綱引きは、映画におけるアクションを規定するだけにとどまらず、映画に関わる要素すべてを想定した指示を決定するものでなければならなかった。

いつものとおり、小説作品に刺激されて映画を撮ることになった。わたしが心惹かれ躍らせたのは、小説の登場人物たちに現実の肉体をあたえ、この物語の展開する特別な環境を、映像によって物語ることができるということだった。分けても、成功すれば、視覚的言説において、小説のさまざまな詩的・歴史的主題を再提示できるかもしれないという点だった。

（「なぜ『山猫』なのか？」）

映画『山猫』公開当時、ある日刊紙に寄せた発言に見えるヴィスコンティの告白からは、文学作品を原作に持つ映画作品、と言うより、その脚本というテクストが持つ可能性にたいする過剰ともうつる期待が滲んでいる。おおむね一九世紀（的）小説に着想を得て映像化された作品が、手法から言えば、一九世紀的な語りにさして意を用いず、むしろ登場人物の感情や行動する空間に重きを置いているという事実は、ヴィスコンティが（テクストとしての）脚本に何をもとめていたかを明かしている——濃密このうえない意味を充塡した記号やかたちを無限に変奏し、観る者の視界の内へとどけてくれる《いま》そのものとしての場、あるいはモノとのあらゆる直截の関係を排除した可能性の集積としての空間、もっぱら回顧のみぶりとして受けとめられがちなモノたち（をつつみ込む空間）をなぞる視線のはらむ情感。ふとロッセリーニやデ・シーカと重なり合っても見えるヴィスコンティの視線がとらえているのが、じつは物語のなかの人物たちに投影されたわが身であると気づいているからなのだろう、虚構のなかの人物たちを蝕む精神の退廃に、とりわけやさしさが滲む。

おそらく原作小説を超えるテクストとして脚本を仕上げ、それにもとづいて映像化をはかることの困難を克服する方法として、ヴィスコンティが選んだのは、読者の視線を棄て、物語内部の一員となって、物語る行為そのものに参加することであった。それは、ほぼ同時代に、やはり文学に着想を得た映画作品をいくつも撮ったマウロ・ボロニーニやパゾリーニと比較してみるとき、特異な選択であったことが分かる。

ふたりがヴィスコンティと異なり、時代的にも地理的にも、かなり自在に原作を渉猟した事実がまず挙げられる。ボッカッチョ、チョーサー、『千夜一夜物語』、サド、ドストエフスキー、モラヴィア、パリーゼ、プラトリーニ、パッティと、ギリシャ古典から中世、さらには第二次大戦後のベストセラーまで、その範囲はひろがっていて、せいぜい二〇世紀初頭の、それもあくまで一九世紀を舞台にした小説に限って、着想を得たヴィスコンティとはずいぶんとちがっている。それは、時代（の転換）を描くか、わが身を描くか、という焦点の当て方のちがいに起因している。象徴、隠喩、あるいは神話といった要素を映像表現にもとめたか否かの差異だと言い換えてもかまわないかもしれない。

もう一つ、視点を変えて、小説から映画への変換によって生じる差異を、喪失や衰弱ととらえずに、ゆたかさを加える再創作が加えた充実、さらには映像による《翻訳》としてつねに積極的に評価するか否かという要素がある。ヴィスコンティのように、原作と脚本を《テクスト》と《翻訳》という概念で括ることのできる一連のプロセスに位置づける映画作家が特異であることは言うまでもないだろう。「脚色」という行為まで再考を迫られかねないヴィスコンティの立場に比べると、きわめて伝統的なボロニーニはもちろん、奔放で自在な解釈をつづけたパゾリーニでさえ、原作と脚本の関係からすれば、慎重に見える。

ただ、ヴィスコンティの過激さとは別の点において、パゾリーニもまた映画と小説の関係を考えるうえで特異な存在であったことは強調しておく必要がある。

すでに少しふれたとおり、それは詩から小説を経て映画へといたる転身の軌跡にかかわる出来事である。

いわば《現実を表現する語彙》をもとめるかぎり、表現の領域が映像であろうと小説や詩であろうとかまわないという信念が、映画の世界に足を踏み入れた時点で、パゾリーニにはあって、文学が映画に滋養をあたえれば、映画もまた文学に、とりわけそのことばや想像力に神話的な力をもたらすと考えていた。

映画史において作家であり監督である例はきわめて少ない。そのなかでパゾリーニは、まちがいなく、もっとも豊饒で複雑な存在である。一九六四年の時点で、脚本が自立した文学のジャンルであり、映画作品のシナリオに関わる一切合財が固有の文学であると考えていたことを思い出すべきだ。

（ヴィンチェンツォ・チェラーミ『視線を書き写す』）

おそらくは『奇蹟の丘』以降、パゾリーニが映画脚本のためのあたらしい固有の《文体》を発見したとするその弟子チェラーミの見解の是非は措くとしても、《ことば》と《映像》のあいだの「翻訳可能性」もしくは「浸透性」について確信めいた何かがないかぎり、脚本を固有の自立した文学領域とする考えは生まれようがない。

小学生のとき、文学の教師としてパゾリーニと出遭った偶然が、映画から小説へと恩師の軌跡を逆にたどる人生をもたらすことになったチェラーミにしてみれば、その「翻訳可能性」と「浸透性」こそが、「視線を書き写す」とよべる創作行為全般を括りうる特性だということになる。そしてパゾリーニは、この「転写」の作業を、自在に時空間を移動しつつ歴史の軛からも逃れることのできるほど、映画表現として実践したのだと言うのだけれど、仮にこの指摘が正しいとすれば、それはたぶん、パゾリーニのとらえたカメラの視線が場面ごとに確実に、農村社会から大衆社会へと急速に変貌を遂げていった一九五〇年代から六〇年代の時間を写し撮ることに成功しているからだろう。

もしかしたら、《小説のように映画を撮る》とでも言うべきなのだろうか、パゾリーニにとってカメラの眼がおしえた作法は——と考えて、自分のなかに、映画を小説のように《読む》性向をみとめる日本の小説家のことを思い浮かべた。

その小説家は、たとえばこんなふうに言う。

そのうち私はこの映画にたいする懐かしさの底に、なにか特別なものがひそんでいるのに気がついた。おなじ映画をもう一度みたというよりも、おなじ小説をもう一度読んだというような、あるいはこれによく似た小説をむかし読んだことがあるというような印象であった。

（「特別な一日」）

もっぱら記憶をさぐりあてる契機として、明滅する光線の束に、小説を《読む》ように視線をあてがう観客と、その束をレンズで摑みとることで、小説を《書く》ように視線をおくる作家とのあいだには、はたしてどんな対話が可能なのだろうか。

どこかで読んだのか観たのか、判然としないまま、スクリーンにそそがれる光の束の明滅を、記憶をさぐりあてる契機として、《既視感》の信号みたいにして追いかけているうちに、もどかしさと懐かしさが縒り合わさって、記憶の在処を突きとめるまで身動きがとれなくなってしまう。

けれど両の眼を入り口にはじめた探索なのに、ひろがる視界にどこかしら現実感が欠けているのは、たぶん半ば眠りのなかにいて、途切れとぎれに訪れる記憶の切れはしをつないで整頓しようなどという統一的仕儀に打って出るそぶりが見えないせいかもしれない。おかげで生じるとりとめのなさを好ましいと受けとめられるなら、探索は先へ先へとつづくだろうし、でなければ、ついこの前の過去をふり返ることさえ難儀に思えて立ち往生してしまうにちがいない。

夜中にふと目が覚める。覚めても眼はあけない。暗闇にむかって眼を開くのがなんだかこわい。もう眠れなくなりそうで不安である。だから眼は閉じたまま。時間も見ない。まだ眠りのなかにいるふりをしている。そしてとりとめのない思いにふける。

（山田稔「母の遺したもの」）

たとえばこんなふうにして、「覚めても眼はあけない」代わりに「とりとめのない思いにふける」うちにたぐり寄せられる記憶の切れはしが、とりとめのなさゆえに大量によみがえって、ついには手に負えないくらいに氾濫をはじめる。

しかし私は多くのことを思い出しすぎてしまったようだ。いったん甦らせてしまったものを、いまさらどうして棄てることができよう。

眼をとじたまま、その甦らせてしまったもののなかに戻って行く。いくつもの情景をすりぬけてたどり着くのは、やはりあの最初の情景だ。——私の生まれた家の薄暗い小部屋、カーテンのかげの棚、赤い固い表紙のついた分厚い本、「内臓配置ノ図」の真赤な肝臓、どす黒い腸、黄色い膀胱。部屋にこもる髪油と白粉のまじったようなにおい。いまも「赤本」に滲みこんでいるにおい。それから場面が京都に移る。胃病の固定観念につきまとわれた少年。本物のココアでなく本物のハブ草を欲しがっていた変な子。……。本当に存在していたのか。自分の空想の産物ではないのか。

氾濫する追想のなかで、ついには過去の真偽さえおぼつかなくなって、妄想と現実の境がとり払われそうになる——記憶の在処を突きとめるとは、じつはこうした《幻視》状態に身を置くことだとすれば、スクリーンを介して繰りひろげられる回想の不自由さとは、そもそもが《幻視》の産物であるスクリーン上の映像に幾重にも《幻像》を被せては追いかける、いわば現実からひたすら遠心的に拡散していく試行であるからかもしれない。

一九七七年九月三十日、と観劇の日付まで正確に記録された一本のイタリア映画がひきおこす回想(「特別な一日」)には、そうした遠心力に身を任せているように見えて、最後は「甦らせてしまったもの」の氾濫を鎮めるという、「とりとめのなさ」の統御のあとが刻まれている。最初にパリで観てから八年して京都で、再度その映画『特別な一日』に出会ったことによって、懐かしさともどかしさの複雑に絡み合った回想のながい旅がはじまる。

——ヒトラーがローマを初めて訪れた日、一九三八年五月六日。街中が歓迎の式典に繰り出し沸きかえるなか、団地に取り残された主婦アントニエッタと、中年男ガブリエーレ。鳥籠から逃げた九官鳥を女が追って、ふたりは出会う。そうして始まる一日が、イタリアの国にとってとは別の意味で、ふたりにとっても「特別な一日」となった顛末を淡々と描いたエットレ・スコラの一九七七年公開作品。

封切り時にパリで観て以来、「ふたたびみられまいと諦めていた」映画を観る機会にめぐりあって「因縁のようなものを感じた」小説家は、京都は四条にあるホールへと足を運ぶ。そうして忘れていた細部を思い出しながら作品を見終えると、顔なじみになった上映の企画者に「よかったです」と感想と礼のことばをかけて帰途につく。

帰りのバスのなかで、空にはあかあかと陽の残っているのに早や夕暮れの冷気の感じられる風を頬に受けながら、私は耳の奥でまた鳴りはじめた「ジョヴィネッツァ」の旋律に聴き入っていた。いや胸のうちで私は歌っていた。八年前、パリの街角でしていたように。

(……)

懐かしさが胸からあふれ出た。懐かしいのはこの映画なのか、初めてそれをみたパリなのか、それとも少年時代におぼえたこの曲なのか、それは自分にもよくわからなかった。私はこの映画を二度みたことを悔いるどころか、大いに満足していた。たしかにこの日は私にとっても「特別な一日」であった。

(「特別な一日」)

同じ作品を思いがけず二度見る機会にめぐまれ、自分のなかに「特別な」気持ち、「懐かしさ」とよべる「特別な」感情があふれてきたことに途惑いながら、その「特別」に感じられる原因がどうやら《既視感》らしきものにあるらしいと当たりをつける。記憶のなかからさぐりあてようと、映画の場面を反芻するうちに、小説家は自分が短篇のなかに描いたローマの裏通りにある安ホテルの情景によく似たものがあることに気づく。

そして自作の短篇とイタリア映画の情景が酷似していると《発見》することを滑稽とか、妄想とかと言って片付けられないのは何故かと、自問をつづけるうち、記憶のもっと下の層に眠っていた何かがうごめきはじめる。それは小説の記憶、《読書の記憶》だと思いあたる。

ジョルジョ・バッサーニの連作短篇集『フェッラーラ物語』に収められた「金の眼鏡」と特定される記憶は、さらに細部へと分け入って、映画『特別な一日』とその短篇が時系列のうえでつながる可能性を発見し、ふたつの作品が重ね合わされる——記憶が拡散するように見えて収斂していく現場に立ち会っているような、矛盾したと言って語弊があるなら、錯綜した追跡作業が、次つぎと記憶の古層を掘り返していく。

バッサーニの短篇から同じ作者の長篇『フィンツィ・コンティーニ家の庭』へ、そしてそれを原作とするデ・シーカの映画『悲しみの青春』へと回想はつづき、自分の記憶のなかに生じた混乱の原因らしきものにようやく行き着きそうになるのだけれど、結局ふたたび記憶はもつれ迷走が繰りひろげられていく。

ふたたび短篇「金の眼鏡」とスコラの映画作品の類似点の比較対照がはじまる。時代設定、主人公の境遇や年齢の共通していること等々、だが、やがてこの作業にいつのまにか映画の描写についての分析がまぎれ込んでくる。そのことの不思議に筆者自身が気づく。

——一体、私は何について書いているのだろう。何時の間にか筆は小説「特別な一日」のなかにさまよい込んでいる。だが、今さらもう引き返しはできない。映画を小説のように読み、そして逆に小説を映画のようにみる傾向がどうやら私のうちにひそんでいるようである。

このままもうしばらくつづける。相変わらず筆にまかせてである。　（同）

妄想とも混乱ともつかない記憶のなかの迷走を、小説家はみずから禁じようとはしない。むしろ先に見た母親に寄せた追憶と同じように、「とりとめのない思いにふける」ことだけが記憶の遠心力を逆転させ求心力に変える唯一の手立てでもあると気づいているかのようだ。とりとめのなさだけがスクリーンの上で回想の虜になって立ち往生しかけているわが身を解き放ってくれる——と知っていたのだろうか、追想の果てに、小説家は、映画からの帰り道以来、鳴りやまないファシストの歌「ジョヴィネッツァ」が記憶にささやきかける理由に行き着くことになる。

スコラが撮った『特別な一日』、その同時代、七、八歳だった小説家は、自分が同じ歌を口ずさんでいたかもしれないことに気づく。家に残っていた七十八回転の三枚組レコードが、その記憶をよみがえらせる。繰り返し「盤が白くなるまで」、「古い箱型のビクターの蓄音器で聴いた」ことも、「意味もわからずに（……）リフレインの箇所だけを歌った」ことも。

ヒトラーのローマ訪問のあの「特別な一日」、つまり一九三八年五月三日の当日（原文ママ）に、私が古い蓄音器から流れ出る「ジョヴィネッツァ」や「ホルスト・ヴェッセル」などに耳をかたむけ、今していたように旋律を口ずさみ、口笛で吹いていたとしても不思議ではないのだ。一瞬、私は自分があの映画のなかで、喜々として祝典におもむくローマの団地の子供のひとりであったような錯覚におそわれ、唖然として周囲を見まわした。

（同）

結局のところ、スクリーンのささやきに導かれ記憶の古層から掘り起こされたのは、苦い発見だったというわけなのだけれど、とりとめのない光の束にはたしかに皮肉な結末が似つかわしいのかもしれず、小説家自身もちろんそれに気づいていたから、「『ややこしややこしの』妄想」とわが身を茶化して突き放してもみせたにちがいない。

＊　引用は、

Vincenzo Cerami, *Pensieri così*, Garzanti 2002.

山田稔『特別な一日』平凡社ライブラリー、一九九九。

情を抒べる

日ごろ読み親しんでいる作品を、それを書いた本人はどんな声で、どんな調子で読んで聴かせるのか——こわいもの見たさという心持ちもどこかに少なからずあって、いわゆる朗読会のような催しに時どき出かけてみる。イタリア文学に関わるものなら、以前だと、ＬＰレコードやカセットテープ、最近だとＣＤに録音された記録も、目に留まるたびに手に入れてはいる。なかには、ひょんな具合で直接知り合って、文字を見ただけで声音が分かる作者も仕事柄もちろんいて、それはそれで、親しみをおぼえるだけでなく、読むときの妨げというか、煩わしさにもなる。

けれど絵を十四点じぶんで選んで、それにことばを添えるなどという、見ようによってはなんとも大胆な「びじゅつのゆうえんち」を一冊つくった詩人が、じっさいどんな声音でそれを読んで聴かせるのかは、やはり聴いてみたかった。六千年前サハラ砂漠の岩山に遺された壁画、古代ローマのモザイクから北宋の水墨画にボッスもゴヤもと、二〇世紀にいたる古今東西の絵画が描きとった『くうきのかお』（福音館書店、二〇〇四）に、ことばの輪郭があたえられ、見通しの利く風景がひろがっていく。そうしてそれぞれの絵のなかにとらえられていた空気をよみがえらせる。たとえば熊谷守一の一九三五年の作品「揚羽蝶」には、こんなことばが添えられる。

　チョウが　はねを　うごかすと
くうきも　いっしょに　うごく。
くうきの　うごきと　いっしょに
チョウのしょっかくは　ふるえる。
　　　　きみが　いま
すいこんだ　くうきの　なかにも
いつかの　アゲハチョウの　はばたきが
　はいっていた　かもしれない。

ほんとうなら保存の利かない《空気》を絵がつつみ込んでいる。つつみ込まれた《空気》のなかには、画家が呼吸していた《時間》も閉じ込められていて、それで《空気》には顔が、表情が刻まれているらしい。同じ時間を呼吸したものすべてをつつんでいた《空気》ともなれば、そのひろがりは地球規模にとどまらない。それに絵の描かれた過去の一時点にもとどまらない――だから時空間を超えて、いまのわたしたちにも「空気の顔」が絵のなかに見えるのだ、と詩人アーサー・ビナードは、のびやかに、そしてなつかしげに、唄うのだが、さて果たして、文字（そして絵）をとおして、ぼくのなかで鳴っていた音は、詩人本人の声だとどんなふうに響くのだろうか。

その声を、武蔵野の郊外にある画廊の、きっと四十人も入ればいっぱいの部屋で聴いた。なぜか聞き覚えがあるような気がしたのは、よしもとばななの翻訳者で、最近日本語の小説も刊行したイタリア人の知人が話す日本語の調子に、とてもよく似ていたからだった。それは、英語にせよ、イタリア語にせよ、いわゆる母語の持つアクセントが、話者にとって継母語と言える日本語の抑揚にしゃしゃりでて、その場から退こうとしないといったていの、母語による頑強な抵抗であるのかもしれない。と言って、声にしているのが日本語である以上、もちろん母語のアクセントそのものが反映しているはずもなく、あくまで不可思議な、どこのものとも知れない由来不明の抑揚が繰り返し耳を射る。

どこにもない抑揚が詩人の声音として届けられる現実のなかで、読み手が想像していた音の響きがあっけなく葬り去られてしまうという事態の唐突さが、一瞬、ことばが掬いとった絵のなかの《空気》の外へと読み手（と聴き手）をはじき飛ばす。だがそれは、実のところ、絵のつつみ込んでいる《空気》を、ちょうど画家が（そして詩人が）したのと同じように、外から距離を置いて幾度もながめなおすことへと聴き手（と読み手）を誘うための、いわゆる異化効果としてみごとに機能して、結果的に《空気》の顔に奥行きをあたえ表情をゆたかにする。いたずらに読み手がことばの背後に纏いあつめた《空気》（の感情）の伽藍をいったん突き崩してから、あたらしい眼で絵を、そして《空気》（の顔）を見つめてみる――そういうきっかけを詩人の不可思議な抑揚はあたえてくれた。

アーサー・ビナードのように《空気》とよばなくとも、あるいはそこにこめられた《時間》と言わなくても、要は何かの表現が掬いとってしまった《感情》と言うより《情動》に、第三者として事後に接するとき、その第三者である他者（たとえば読み手）は、つねに詩人の不可思議な抑揚がもたらしたのと同様の、効果的な異化作用へとみずからを導くための触媒に似た何かを手に入れる必要がある（他者として事後に接するという意味では、たぶん当の表現者じしんも同じ必要に迫られるはずだ）。

ミラン・クンデラが小説論集『カーテン』（西永良成訳、集英社、二〇〇五）のなかで繰り返し言及する前世紀二〇世紀固有の現象、つまりモダニズムの逆説をめぐる認識の発生と展開も、じつはこうした異化作用にたいする自覚的な関与なしには起こりえなかっただろう。

ゲーテの「世界文学」という概念に寄り添うかに見せて、「世界」ということばの背後に潜む西欧（大国）中心主義のゆがみと矛盾を浮き彫りにしたのち、クンデラはヴィトルド・ゴンブローヴィチの小説『フェルディドゥルケ』を引き合いに出して、「進歩主義者であると同時に順応主義者に、良識的であると同時に反抗的であることが可能になった」ことを二〇世紀に生じた「現代的《モダン》であること」の「根本的な転機」と位置づけたうえで、こう指摘する。

> そこではじめて、ランボーの後継者たちのある一部の者たちは、こんな前代未聞のことを理解した。こんにち、その名に値する唯一の現代主義《モダニズム》とは反＝現代的《モダン》な現代主義《モダニズム》なのだと。
>
> （「世界文学（Die Weltliteratur）」西永良成訳）

こうしたモダニズムの逆説を敷衍していけば、その先に「反＝抒情的」としか規定しようのない「ポエジー」が登場するしかないことは承知のうえで、クンデラは、加齢もしくは老いと「現代的《モダン》であること」の関係に踏み込んでいく。そうしてセルバンテスが、ヨーンが、シュティフター、フロベール、カフカにスタンダール、シオランが論じられ、最後に「明け方の自由暮れ方の自由」と題して《老いてなおモダン》でありうるかが検討され、ベートーヴェンの孤独が、その「自由」が描かれるのだが、「暮れ方の自由」とよぶ老いの孤独が一方では「快活な無責任さ」に由来することを指摘するのも忘れていない。そこで引き合いに出されるのがフェデリコ・フェリーニである。

イタリア人映画監督晩年の作品を老いがもたらす自由と孤独の産物であったがゆえに無理解にさらされもしたし、闊達でもあったと看てとる小説家クンデラの視線の先には、ゴンブローヴィチの「反＝現代的《モダン》な現代主義《モダニズム》」をさらに先鋭化し、ときにグロテスクなまでに極限化した「反＝抒情的」な「ポエジー」がとらえられている。

若い革新的な芸術家にとって、公衆を魅惑し、かつ愛されるのは容易なことではない。しかし、のちになって晩年の自由に鼓舞されて、彼がさらにもう一度みずからのスタイルを変え、ひとが彼についてもっていたイメージを捨てると、公衆は彼についていくのをためらう。イタリア映画（……）の若い仲間たちと結びついていたフェデリコ・フェリーニは長いあいだ、みんなから賛嘆されていた。『アマルコルド』（一九七三）はその抒情的な美しさにみんなが賛同した最後の映画だった。やがて、彼の空想がさらに爆発し、彼の眼差しが鋭敏になる。（……）彼の最後の十五年の七つの映画は、私たちが生きている世界の非情な肖像画である。

（「引き裂かれたカーテン」西永良成訳）

『カサノヴァ』にはじまり『月の声《ヴォイス・オブ・ムーン》』で結ばれるフェリーニ晩年の作品群をこの「世界の非情な肖像画」と括ってみせることで小説家がつたえようとしているのは、ほかでもない《詩の在処》とよんで差し支えあるまい。ただ、小説家じしんの老いをも反映して、孤独でいながら闊達でいられるような「非情」さのうちにこそ《詩》は在るとでも言いたげな、いささか度を超した共感が映画監督に寄せられていて、そのことがつとめてアイロニカルで「反＝抒情的」であろうとする小説家を裏切っていると映りかねない。

「反＝抒情的」である、しかも老いのなかでそうあるためには、たとえば清水哲男の詩集『黄燐と投げ縄』（書肆山田、二〇〇五）に繰り返し見られるように、放たれたことばがじぶんに還ってくるのを承知で言い放ち突き放し、転覆させては抱え込む、そんな情の抒べかたに寄り添いたしかめてみればいいかもしれない。

閉じられた目の上を
凡庸な私の生涯が流れてゆきました
詩歌の幾片かも引っ掛かっておりました
もう須かち合うこともない胡桃が収穫されては
深夜の倉庫から
国旗を立てられて滑り出てゆきました
目を開けても何も見えないのでありました
国破れてからの最後の半世紀は
おおむねそのようでありました

とさ。

（「戦後抒情」）

最後の二文字にこめられた《情》を、さてどう受けとめたらよいのか。目をつむり自分のたどった歳月のなかに浮かぶ光景をなぞる。戦中そして戦後と一対五の比率で分けられる六十余年の生涯が、二連十五行のことばで呆気なく括られる。空恐ろしいくらいの呆気なさをしっかり受けとめなければと、詩人は連を改め、二文字を記して回想を結ぶ――「戦後抒情」という表題からして肩にくい込みそうな詩作品の最後の一行に置かれたことば「とさ」の二文字に籠められた《情》をめぐっては、読者が気圧されるほど詩人本人は動揺していないはずだ。

初出は二〇〇五年八月と記録される詩「戦後抒情」の作者清水哲男の実年齢六十七を考慮に入れようと入れまいと、結びの二文字「とさ」が見せる潔さは殊のほか小気味よく映る。たぶんそれは、独りでいる覚悟の出来映えからくる闊達さとでもよべる詩人の構えに由来しているかもしれない。あるいは端的に、死に親しんでいるからだと言ってもかまわないかもしれない。

事実、「戦後抒情」を最後に配した詩集『黄燐と投げ縄』には死の気配があふれている。積もりつもった歳月、そのなかに埋もれ（かけ）ていたひとやものが日常の出来事をきっかけに奔流を開始――新聞紙で折ったＧＩ帽、スクリーンのなかを赤毛の馬でやって来た西部男の投げ縄、昔飼っていた痩せた猫、欅の胴腹に針金でくくり付けられたボール紙「決起せよ」、ぼろぼろまっくろな空のお魚、父と兄、友人、知人、恋人……。

いまに向かって押し寄せてきた回想のひとやものは、だが、けっしていまを洪水に巻き込んだりはしない。記憶の洪水はきまって堤防決壊ぎりぎりのところで過去へと退いていく。すみやかに退潮をうながすように、詩人がことばで仕組んでいるからだ。

たとえば、「しんぶんがみ」に惹きおこされる記憶の奔流は、兜に刀、ＧＩ帽にはじまって、「くれなゐの夕日に照らされて／本物の千羽の鶴だった」ときまで一気にいまへと押し寄せてくるのだが、新聞紙の折り鶴が「本物」に見えた正気の境で引き返し、「もう私はしんぶんがみで何も折らない／部屋の隅にどんどん溜まるしんぶんがみ」と、いまの現実世界にとどまるという選択をする。ここには、苦い孤独と引き替えに記憶の噴出をくい止めた「私」を見つめる第三者の、それもけっして無機質でなくぬくもりさえ湛えた視線が介入してくる。もちろんこのまなざしを詩人そして「私」自身と重ね合わせていけない理屈もないから、こうして作品の最後で現在から未来へと時間を拡張してみせる程度には、《詩人＝「私」》はみずからを突き放す必要に迫られていたと言うこともできるだろう。

あるいはまた、「壁に掛かっているもの」、「掛かっていたもの」「掛けなかったもの」、「掛けたかったもの」の四様を列挙し反芻した結果、「今日も翳のように透明な埃が立っているんだ」と幻覚のいまをみずからの居場所と見定める詩「壁と翳」からは、日常世界のあやうさを識りつつも、そこに踏みとどまっている詩人のすがたが見える。「透明な埃」という可視と不可視の境界にしかありえない様態を知覚してしまう詩人もまた、境界線上の存在であることが告げられる。

この二篇の例からも分かるように、詩集『黄燐と投げ縄』には、過去（＝死の世界）に浸蝕され支配されかかった「私」もしくは詩人の《いま》が、消滅のすぐ手前で、あらためて距離を測定する方法や装置を見極めて、ともかくも生の世界に踏みとどまるという、いわば冥府めぐりの日誌のおもむきがある。冥界をさまよい帰還した者だけに見える生の世界に蔓延する死の気配を縁取ってはながめているような、そしてその視線の元をたどっていけばふたたび冥界へと迷い込むしかないような、そんな遣り切れなさが積もってはうっちゃられ、また浸潤を繰り返す。鬱積しかかると抛り出されるのだから、遣り切れなさに浸っている余裕などない。

それでも、現在と過去が何かの加減で別ちがたく綯り合わされることがあって、そんなときの遣り切れなさはうっちゃりも利かないほど昏くのしかかってくる。たとえば「二〇〇四年五月六日未明」、養護老人ホームでの絞殺事件をつたえる新聞記事と肉親の記憶が交錯し綯り合わされる。端午の節句が明けた朝未き、老人ホームに入所していた男女が施設を出ていっしょに暮らそうと試みるも思うに任せず、「将来を悲観して」女性が就寝中の男性を絞殺し逃亡するも、近隣の託老所で発見、犯行を認めたという記事——詩人とほぼおなじ年齢の男女が抱え込んでしまった困難に目を留めたときから、詩人の目に遠い昔の父親と兄の、そして鯉のぼりのすがたがよみがえる。

数十年も前のことなのに

数時間前と同じことなのだ
たそがれどきの蒼い空から
眼だけを剃いた真っ黒なかたまりが
だらりぎしぎしと降りてくる
そいつは一度大きく軒端を打ってから
やにわに父の持つロープを銜えこんで
はじめから死んでいたもののように
いきなり横たわる

（「二〇〇四年五月六日未明」）

役目を終えて降ろされた鯉のぼりの大きくて重そうなからだが死んだ魚に見えたのは、小学生だった詩人に、兄が「お魚は空を泳ぐものなんだよ」と教えこんでいたせいも、「戦争に敗けたので／（……）／どこんちの皿にもお魚なんぞは乗っていない」食糧事情のせいもあっただろう。食卓に本物の魚がないからといって、「空のお魚」まで「眼だけを剃いた真っ黒なかたまり」である必要はなかったはずだ。父親の子供のころの鯉のぼり――いつから「空のお魚」をしているのか分からないくらい「ぼろぼろ」（年齢不詳）になって「眼だけを剃きだしにして

／（……）／ひたすらに泳ぐ」すがたがなつかしくよみがえる。年齢不詳の一途な泳ぎっぷりに、父と兄のやさしさが重なる。要介護の男性（六十八歳）といっしょに暮らして面倒を見たいと願った女性（六十七歳）のやさしさも重なる。

将来とは現在だ
空のお魚の掟はただいつまでも現在を
まっくろに生きること
それのみに生きるのがぼろぼろなるものの
無二の甲斐である
お魚を空に放ったのは
父から受け継いだ我が正義
軒端をはげしく叩いてから
はじめから死んでいたように
いきなり横たわっただけなのである

もう少しすると

数十年前と同じ朝日がのぼってくる
五月六日
ぼろぼろのものたちがもう
眼を剝く必要のない朝がやってきます

笑わせるな。

一途なやさしさのもたらした遣り切れない結末は、「笑わせるな」と言い放ってもなお、のしかかってくるほど昏い。それが、老いと死とが、数十年前もいまも時間の軸に絡まりついて、「まっくろに生きる（……）正義」を全うする術を教えてくれる代償なのかもしれない。老いていく孤独のなかで自由闊達であるために、ありきたりの《抒情》に叛旗を翻せと、フェリーニに言寄せてクンデラが促していたことを思い出そう。「暮れ方の自由」と名づけられた老いの特権には、だが、清水哲男の繰り返し唄う軽やかであるがゆえの苦さも不可分なのだ。
とりわけ、その軽やかさがことばを媒介して表出されるとき、苦さは生死にさえかかわるくらい深刻でもある。

かろやかにも言葉に携帯されている者、
私よ。
子供の頃は決してこんなじゃなかった者、
私よ。
そのことをほんのりと苦しく思う者、
私よ。
もうすんなりと死んじまうしかない者、
私よ。

（「携帯」）

こうしてリフレインのなかで「私」の自己規定は開始され、実は「言葉」を「千切らなければ生きていけない」のに「そのことを生きながら隠そうとする」うちに、「言葉では何とも言えなくなってきた」から、「いっそのこと我がそっ首を絞めてみな」とじしんを挑発し死へと駆りたてる。そう言いながらも、「ひとりでに千切れるかもしれない……、／私を携帯する言葉は、／いつも希望しないことを希望するから、／まったく生きる希望がないこともないね、／常に言葉にぶら下がっていて、／他のお客様のご迷惑になってきた、／私よ。」とじしんに救いの手を差し延べてみせるのは、抱え込んだ苦さが深刻な分だけ、ことばのはたらき自体は使い手じしんよりはるかに闊達に（フェリーニに倣えば「自由に無責任に」）機能することに気づいているからかもしれない。

「そのことをほんのり苦しく思う者」だけが、《情》を抒べることができるのだろう。

詩が生活

　オランダには、地下にも運河が走っていて、広場の一角にその水門を操るためのハンドルがある。夏の夜には、門を開き、水を流さないと、街中にいやな臭いが立ちこめる……。

　たとえば夏のヴェネツィアを知る者なら、オランダには臭気を解き放つ水門があるだけましだとうらめしく思いはするかもしれないが、それでも運河に滞留する臭気もろともまざまざとよみがえる光景にはやはり辟易するにちがいない——そんな逸話の披露をうけて四元康祐による『週刊詩劇場：声の曲馬団』の連載は開始される。二〇〇四年二月から十三週、インターネット上に毎週一篇発表された連作詩篇には、すると当初から、「行き場を失った感情が澱んで」しまう前に「地下の水門を開いて」みることで、「思わぬ（……）噴出」を回避し、「他者

（……）と繫がって」いられるかもしれないという詩人の願望が込められていたことになる。詩人の暮らすミュンヘンから、あるいはどこか旅先から仮想の紐帯、インターネットを介して届けられることば（と声——と言うのも詩人本人による朗読が二様のファイル形式で供給されるからだ）には、だから詩集『笑うバグ』（花神社、一九九一）以来、長らく俯瞰の詩人であった四元康祐にしては不似合いなほど感情が露出している。ナイーヴに過ぎる期待とよんでもかまわないであろう「日本語という海を介し」た《連帯》への希望を支えにはじめられた試みは、三ヶ月後、「言葉の隘路を通って、他者の魂へと繫がってゆく」ことの困難と「幸福」を体験して閉じられるのだけれど、十三篇（それに後から加えられた番外詩篇「鸚鵡」）をあらためて読み返してみると、じつは当初滲んで見えた無防備な感情も、「生々しい日々の出来事を尻目に、まさにその現実をともに生きる共同体に向かって」（二〇〇四年五月八日付）詩を書くうえでの戦略ではなかったのかとの疑いが頭を擡げてくる。

それと言うのも四元康祐が思い描く「詩人像」とは、イギリス・ロマン派の詩人ジョン・キーツに代表される夭折した詩人たちに特有のふたつの要素を兼ね備えた存在であるとの述懐がかねてよりなされているからだ。

四半世紀をかけて、ゆっくりとぼくは我に返りつつあるようだ。これからまだ葬儀を始めなければならない。もはや誰のためでもなく、沈黙に向って言葉を、花のかわりに供えながら。

小説家ならば物語のなかへ没入できるかもしれないが、詩人はそうはいかない。自分自身から、生きている現実、その果てに待ちうける死から、彼は逃れられない。詩は、人をこの世から運び去るふりをしながら、打ち返す。かと思えばまた遠ざかり、その波打ち際で不安定な舞踏を踊り続けるのが、ぼくにとっての詩人像だ。

（……）

詩のなかにせめぎあうふたつの力、麻薬のような誘惑とどこまでも醒めた倫理性を、夭折した詩人たちはぼくに教える。

（「麻薬と倫理」）

感傷や耽美からはむしろ対極にある冷徹なリアリスト――四元康祐の描く詩人のすがたは、こうした「ふり」のできる現実と渡り合うだけの知略も備え、「不安定」な状態に踏みとどまることのできる《踊り手》でなければならないらしい。そうして不安定であるからこそ次つぎ編みだされるあらたな演目に果敢に挑むべく詩人を誘うのが《詩の力》なのだと言いたげに見える。

連載詩『声の曲馬団』の作品リストをながめてみよう。「夜のコンビニ」(04/02/03)にはじまり、以下順を追って「春の河原」(04/02/10)、「砂漠へ」(04/02/17)、「朝のキャラバン」(04/02/24)、「名もなき乳房」(04/03/02)、「我儘」(04/03/09)、「わたしのパソコン活用法」(04/03/16)、「人攫い」(04/03/23)、「虜」(04/03/30)、「母に」(04/04/06)、「告知」(04/04/14)、「筏にのって」(04/04/23)、そして最終回「今日のニュース」(04/04/30)、加えて番外篇「鸚鵡」とつづく十四篇からは、どれひとつ同じ声音が聞こえない。物理的肉体的現実としては(すでに紹介したとおり)、詩人四元康祐の肉声による朗読を聴取することは可能なのだが、テクストから響いてくる声音は、すべてが異なる話者によるものだ。語り手すべてが一人称でありながら変幻自在に声をあやつるといった体の、不思議な幻聴体験が準備されているとでも言えるかもしれない。孫にもらったパソコンと格闘する「わたし」もいれば、痴漢に悩まされる「わたし」も、「今日生きていたくない」主婦の「わたし」も、息子を打擲する父親である「わたし」、身辺にいじめどころか誘拐に刃傷沙汰まで起きているのに塾通いをやめない「ぼく」も、雑誌の袋とじの附録を開けてたじろぐ「俺」もいる。それぞれがそれぞれの現実と日常のなかから、《こちら側》にいる《聴き手》であり《読者》であるわたしたちに《声》を届けようとする。

そのなかにあって、唯一、同じ一人称であっても、「わたし」でも「ぼく」でも「俺」でもない、「わたしたち」の声が響く詩篇「人攫い」が目を惹く。

海の向こうの王のもとへ
わたしたちの国の少女が連れ去られた
古い言い伝えのなかでなくこの同じ空の下で
むせかえる夕闇を振り返りながら
遊び疲れたわたしたちが「ただいま」を言った

まさにあの日あの時
わたしたちは驚いた　憤った　そして怯えた
「断固たる処置をとらねばならぬ」
「戦争も辞さず」　兵たちは実際に海を越えた
それはまた別の国へだったが

だが祈っただろうか
そのひとの苦しみのために　寂しさのために

そして僅かに残された希望のために
わたしたちは祈っただろうか

遅すぎるということはない
ロウソクを灯そう　沈黙を捧げよう
胸をふさぐ悲しみの塊に隘路をひらいて
そのひとの手をとりにひとりで歩いてゆこう
涙ならそこで流そう
テレビの画面の前でではなく

それが「わたし」であれ、「ぼく」であれ、ひとりでは背負いきれない問いと誘いを《連携》への希望に賭けて差し出すしぐさの温度を低いと測るか高いと測るか――それは、この「わたしたち」がかかえる憤怒や恐怖や苦痛や孤独といった感情の強度を詩人がどう受け止めつたえたかによるだろう。あくまで「麻薬のような誘惑」に抗いながら「醒めた倫理性」を失うまいとする詩人であれば、希望に賭けたしぐさにはできうるかぎり低温をもとめるはずだ。そしてその希望の背後には、たとえば次のような可能性が拓けるという予感めいたものがあるように見える。

書くためにはこの静けさと孤独が必要だが、もしも井戸の底から一篇の詩を釣り上げることができたならば、それは川に放してやろう。その流れが、個別の言語の境を越えて、この星にただひとつの、豊穣の海へそそぎこむことを願いながら。

（「井戸から釣り上げた魚を、川に放す」）

だが、こうした希望を達成する起点となる、最初に記されることばの依って立つところが《日常》を離れては「言語の境」を越えることも、「日本語の海」から「豊穣の海」へ漕ぎだすこともかなわないことを四元康祐は充分すぎるくらい識っている。

詩の最初の一行は、日々の現実と同じ地平から始められるべきである。もちろん最後の一行は、「あちら側」に届いていなければならない。その間の距離、あるいは高度差は、大きければ大きいほど良い。費やされる言葉数は、少ないに越したことはないが。

いわば《生活》を起点にしてはじめて、詩のことばは「あちら側」に届くと信じる詩人にとって、みずからが依って立つ地平は次のように名づけられるしかないのかもしれない。

国ではない、言語でもない、「詩」が故郷。そんなことがあり得るだろうか。手で触れることはおろか、指差すことさえままならぬ「詩」というおぼろげな概念。それもひとつの土地に根ざしたものではない、無国籍的な都市生活に活けられた切花のような「詩」を、故郷と呼んで生きることが。

（「城壁の外のダンテ」）

詩が「故郷」、そして詩が「生活」であるような生き方とは、詩人四元康祐にとってどのようなことばの痕跡なのか、日本語の《外》でことばをつむぐその軌跡をたどってみることにしよう。

一九九一年、詩集『笑うバグ』とともに登場したとき、詩人四元康祐にとって、詩は「世俗を離れたいわゆる文学的命題のみを扱うもの」から、「世俗であれ高尚であれ、人事であろうと天上の出来事であろうと（……）書くことのできる（……）ヴァーサタイルな表現形式」へと変貌を遂げていたようだ。少なくとも第一詩集のあとがきに見られる述懐からは、「ヴァーサタイル」と形容される柔軟で懐の深い「表現形式」として「詩」が《発見》される経緯をたどることができる。
「日本語への渇望を満たすために（……）詩を書き始めた」ものの、詩が汎用性の高い表現形式であると確信を得るまでには、日米合弁企業駐在員として、そして金融理論を専攻する大学院生として、フィラデルフィア、シカゴと移り住むだけの時を要したと四元は回想する。やがて「ネクタイを締めて、或いは教科書を抱えて過ごす一日の大半の時間と、夜眠る前ワープロに向かう僅かな時間とが断絶していること」の滑稽さに思い至り、「資本や経済の論理」も「オフィスで働く人間たち」も、自分の日常にある世界は例外なく、「詩の主題となり得る」と《発見》することによって、詩が生活を、生活が詩を、たがいに支えあう構造ができあがったように見える。

　そうしてディーラーズ・ハイ、オプション取引、投資回収率、為替、企業年金会計といった金融用語が、そして経済システムそのものが、ときに表題に掲げられたりもして、「詩の主題」となって登場する。日本のだれもが知っているであろう経済紙に頻出することばの数々が、思いの外、情緒をくすぐり、感傷へとさそうことを、アメリカで暮らす日本人会社員は詩のなかで明るみに出していく。たとえば「戯れる通貨達」という作品は、一九九〇年当時の各国通貨の《素行》と《性格》を列挙したあと、こう結ばれる。

さてそのとき大男のドルが酔っ払って千鳥足で倒れ込んで来たので
通貨達は一斉に身をすくめ互いの顔を見合わせる
そうして胸をよぎるのは今日も
遠い砂漠で西日を浴びる黄金の幻影——
その一瞬の光景が時間からえぐり取られて
明くる日の朝刊の外国為替欄にさらけ出された

こんなふうに金融用語から感情や表情を読み取りながら、たいていは「眼前に広がる果てしない荒野」（「会計」）だったり、「埃っぽい荒野にそびえ立つ廃墟」（「CAPMについて」）だったりする「欲望」の「洪水」（「市場崩壊」）のあとに出現する荒涼とした風景が、死の気配を漂わせながら描かれていく。なかには、欲望の洪水に翻弄される人間たちのすがたも描き込まれていて、パブロ・ピカソ円熟期の版画におなじみのモチーフ、ミノタウロスが繰り返し重ね合わされたりもする。それは魁たる体軀を誇るミノタウロスではなく、弱さと醜さをさらけ出した絶望の淵に立ち祈りを捧げるカタルーニャの画家の分身としてのミノタウロスであるにちがいない。

詩人が描くと、それが左遷される営業マンだったり、「汚いリヤカーを曳いて素っ裸で立っている（……）そいつ」だったり、「眼が潰されて」闇の中を少女に導かれる「あなた」だったりするのだが、その惨めさはつねに、それぞれのミノタウロスを《発見》した当人たちに染み入って澱むことになる。

詩集『笑うバグ』は、すると四元康祐による詩の《発見》の記録と言えなくもない。詩集の最後に配された「電子少年トロン」には、こうした《発見》の結果、四元が何処にたどりついたのかが端的にしめされている。

ええ、詩はもちろんワードプロセッサーで書きます。書くっていうか、メモリーのなかで合成するんだけど。文学的蓄積があるからね、こっちは。古典を下敷きにして、或いは引用・置き換え・謎解きしながら作るやり方が一番楽だね、やっぱり。あと、楽なのはいわゆる「現代詩」ね、ちょっと難解で意味ありげなやつ。あれは適当な単語変換とロジックの脱線とを組み合わせれば結構簡単にできるんですよ。だからやってもあんまり面白くないいんだけど。やっぱ、平明で無意味でそれでいて存在感が漂うっていうタイプの詩が一番むつかしいんじゃない。詩を書き始めた理由？　なにかも読み尽くした後でなお、情報処理容量が余っていたから。悲しむ肉体もないしさ。

じっさい、四元康祐は「ちょっと難解で意味ありげなやつ」ではなく、「平明で無意味でそれでいて存在感が漂う」作品を書くことになる。この第一詩集に収められた作品と並行して、「アメリカシリーズ」、「子育てシリーズ」と本人がよぶアメリカの風俗と日常を描いた詩篇を書き継ぎ、その後移り住んだミュンヘンでも書き足したものに、あらたに「中年シリーズ」とよぶ加齢に伴う内面の変化を見つめた作品を加え、二〇〇二年、第二詩集『世界中年会議』（思潮社）を発表するのだが、そこで費やされた十年余に詩人のなかで何が変わったのかについては、じつはあらかじめ『笑うバグ』において告げられていたらしい。だとすれば、次に引く第二詩集のあとがきにある述懐と決意表明とは、読者にとって、いわば既知の追認でしかないのかもしれない。

日本から、日本語から、日本の詩人たちから遠く離れた場所で、ぼくは詩と個人と共同体のあり方について考えはじめた。そしてそのことは詩を書き、読み、そして他者と分かち合うことに対する、ぼく自身の態度というか姿勢に大きな変化をもたらした。

ぼくはこれから詩ともっと親密に係わってゆくつもりだ。


（「作者は語る、あとがきに代えて」）


すでに第一詩集のときから四元康祐には、「古典を下敷きにして、或いは引用・置き換え・謎解き」することも、「平明で無意味でそれでいて存在感が漂う」詩に到達するための有効な手段として視野に収められていたと言い換えてもよい。

つづく第三詩集『噤みの午後』（思潮社、二〇〇三）にならぶ作品は、まさしく良質なペダントリーと平明さとが共存した、詩人の、そしてことばの「存在感が漂う」ものばかりだ。移り住んだヨーロッパを旅しながら、詩人は、冥府めぐりでもするように、たとえばゴヤ、あるいはレンブラント、フラ＝アンジェリコにジョットの絵画を前に、過去と対話を交わす。その対話は、目の前の絵画を描いた作者たちだけにとどまらず、敬愛する夭折の詩人たち、ジョン・キーツや中原中也との出遭いのなかでも繰りひろげられる。

異国の地ローマで二十五歳の生涯を閉じたキーツを、「詩についての詩を書き続けたひと」（「薄情」）とよび慕う四元は、こう呼びかける。

キーツ、あなたの時代を
ぼくらは生きなおしている
あなたよりもずっと
ぐずぐずと

そうして辛うじて耳にした末期のことば「……は薄情だ」に向けて、こう問いかける——

薄情だったのは
世間？　詩人？
それとも詩そのもの？

答えはあまりに明らかだ。だから四元康祐も、あえてしめそうとはしない。代わりに、詩集の最後に、こんなことばを置いている。

誰もいない
建物のなかには

どんな物音もない
聞こえるのはただ
心の
しじまと
悲鳴のような床の軋み

壁に向かって
伏せられた画布
器のなかで
いつまでも揺れる波紋

自明の謎
窓辺に射しこむ闇
なんという静けさだろう
そこにはまだ誰もいない

（表題作「噤みの午後」）

コペンハーゲンにあるヴィルヘルム・ハマショイの絵「室内」を前に、その部屋だけでなく、画家と共有した時間をも「噤みの午後」と名づけて、詩人四元康祐が対峙しているのは、みずからの内にたしかにあるのに途轍もなく遠く感じられる「自明の謎」であるらしい。それは「問いかける」という行為自体がおのずと「答え」であることから生じる謎なのだと詩人は、同じ作品のなかで明かしている。

そして第四詩集『ゴールデンアワー』（新潮社、二〇〇四）の最後に配した表題作において、往年のヒーローたちに捧げた唄を詩集に編んだ理由を述べるなかで、「自明の謎」は次のように言い換えられる。

医師たちは口を揃えて証言する
ゴールデンアワーはなによりも速く過ぎ去ってゆくと
手術台に仰向けに横たわったぼくを
ヒーローたちが取り囲んで見下ろしている

彼らには最初から全てのストーリーの結末が判っていた

「最初から結末の判っている」物語へと詩人を駆りたてるもの、それは「詩というものに対する一種の盲信的な愛ではないか」と詩集『囀みの午後』のあとがきに代える詩「中年ミューズ」において告白するのだけれど、おそらくその「愛」とよぶ感情を支えるのは、「猥雑極まりない日常の地面から生えてきた／珍奇なキノコのようなぼくのコトバも／（……）／詩と称することを許されて」いるという自負であるだろうし、なによりそうした自負をかかえて詩人が立っている「日常の地面」が、「コトバ」によってどこまでもつながっているという実感めいたものであることに、四元康祐はかなりの自信をもって気づいているらしい――詩が「生活」なのだ、と。

空想の路線図

ある雑誌に採録されたイタリアとイギリスの作家の公開対談をながめていたら、批評家たちがファシズム体制下の国民文化省みたいに、音楽、美術、文学、なんにでも、まず道徳的・政治的評価を下してから鑑賞してもよろしいとお墨付きをあたえる、そんな党派的で窮屈な空気が厭でイタリアを脱出したという発言が目に留まった（『パンタPANTA』第22号、二〇〇四）。

一九五六年生まれの作家にとって、ボブ・ディランもビートルズも、すべてが「右か左か」に腑分けされるゆがんだ政治性から自由でいられる場として、ニューヨークが次いでロンドンが、つよい磁力を発しているように映ったのだという。一九八〇年に決行された故国脱出から四半世紀を経て、いまも作家はロンドンと故郷ヴェネツィアを往復しながら暮らすことで、定住だけは避けるというこだわりを見せている。

ところがこの作家より四歳年長の相手は、自分がイタリアに移り住んだのは「おなじ失敗するなら心穏やかに」と考えたからだと、イタリア人作家のこだわりをうっちゃるようにしてあっさり応える。留学先のハーヴァード大学でイタリア人女性と結婚したがグリーンカードが取得できないからとケンブリッジに移ったものの、連れ合いが雨の多いイギリスの気候になじめずイタリアに帰りたがったのでしたがっただけ、とかわすのだ。そうしたうえで、カフカにヨシュア、アモス・オズとならべてどこにも帰属しない《異邦人文学》の系譜をイギリスの観察精神に重ねようとする相手の性急な議論の運びにたいして、「あらゆる思考はことばの魔法から逃れられない」という物言いで釘をさそうとする。

要は、個の自由や解放といった、ロマン主義的と言わないまでも一九世紀的な窮屈さから逃れることの思いの外のむずかしさを、詩人レオパルディの省察にふれながら指摘することで、イギリス人作家は、「ひとつの言語で暮らし、それとは別の言語で書くことをつづけている」自分たちふたりに共通する日常の現実について具体的に語り合うことこそ有益ではないだろうかと、イタリア人作家に提案しているのだ。

ティム・パークスは言う。

環境になじもうとして、イタリア語やイタリアの習慣を少しずつ身につけていたころ、わたしが手に入れたものは、ものごとの《客観的》な見方の可能性と言うより、むしろ集団的魔法の持つ美しさやあやうさ、それが必然であって避けがたいことであるという感覚だった。(……)わたしが言いたいのは、外国にいて、言語や習慣を変えるということは、わが身にしみついている個人という西欧の神話を洗い落とすのに役立つということだけだ。あるいはもしかしたら(いまもって!)わたしは自分のなかの原理主義とたたかっている最中なのかもしれない。

(対話「エンリコ・パランドリ+ティム・パークス」)

パークスが「ことばの魔法(incanto)」とよんでいるのは、文字どおり、ある言語集団の「コーラスに加わる(entrare in canto)」経験を経なければ個の声を獲得できないという至極当然の道理を指しているにすぎない。

だがたとえば「世界化」なる現象がその用語もふくめて普及したかに映る状況を前にしてもなお、一九世紀初頭に西洋にひろまったロマン主義の残滓がけっして稀にではなく顔をのぞかせたりもする現実を否定しえないとすれば、イギリス人作家の喚起している道理は、いまわたしたちが遭遇している困難と矛盾を解消する手がかりをあたえてくれるものであるかもしれない。I・バーリン流のロマン主義のとらえ方(「あなたにとってほんとうなら、それがあなたの真実になる」から、どうしたらほんとうに自由になれるか——その手がかりが「ことばの魔法」について、日常の暮らしのなかで考えてみることにある、とティム・パークスは示唆しているように見える。

そして最終的には「ことばの魔法」を引き受けて、コーラスもソロも歌いこなせるようになるために、《国》や《言語》の外に出るという選択がありうるのだと、いまではイタリア語でも英語でもものを書く作家は言いたいのだろうけれど、厄介なのは、そうした意図を表現において実践できるかどうかはなはだ心許ないという現実が一方にあることかもしれない。

それでもパークスの示唆が殊のほか魅力的に映るのは、たとえば二〇〇四年から二年を掛けて交わされた日本語による詩の対話が、そうした《外に在る》表現と日常の実践として現にわたしたちに差しだされているからでもある。

『対詩　詩と生活』(思潮社、二〇〇五)と題された詩集の作者、小池昌代と四元康祐が向かい合っている《生活》と《ことば》はあきらかにコーラスと独唱のはざまにあってもがいている。それぞれ相手がことばでかろうじて身を支えている場所を見極めながら、みずからの場所をことばで縁取ろうともがいている。

離陸のための滑走をはじめた機内で、「命とは本来こんな抵抗に吹き晒されて生存しているものなのだ」という毎度の感慨に耽るミュンヘン在住の日本語詩人が向き合っているのは、何年か前に妻は、彼が周囲に対して傍観者的な態度を取りすぎているといって非難したことがある。その頃の彼は、どんな土地よりも、人との交わりよりも、しんとした昼下がりの美術館に郷愁を抱いていたので、内心ぎくりとしたものだ。だがいまの彼がもっとも寛げる場所は、まさにここかもしれない。なにものにも加担しない虚空の、よく手入れの行き届いた、騒音にみちた平静……

（「13　絶対者の柱廊」）

つまり、どこからも切り離された《虚》の空間——地上にあって「堅牢な礎」であるかのごとくふるまう術をもたない「詩」であり、そうした詩に誘われていた自分自身であるだろう。パークスの言う「ことばの魔法」に欲望を駆りたてられたわが身を、「虚空」の「眠り」のなかへと抛り投げることで、ことばを中心から逸らし見つめている。

同じように、日本に住む日本語の詩人も、ことばの重力について、通りがかりに目にした「マンションの改装工事」の光景から思いをめぐらす。「代々木八幡の駅のそば」、「鉄の長いパネル」を足場づたいに上の階へと手渡しで運び上げている男たちをながめながら、作業を支配する命の危険と背中合わせの秩序と「美しさ」に目を凝らす。現場作業が詩を書くことと等号で結ばれ、ことばは《墜落》の危険を意識することで張りつめさらされている。
小池昌代にとって、ことばは、ほぼいつもと言ってかまわないくらい、《傷》や《傷口》から生まれてくるらしい。

新しいことばは
裂け目から生まれる
傷からひゅっと
ひゅっと生まれる
少女は言った
「わたしはキコク」
その言葉を
初めて聞いた者のこころに傷をおわす
なぜ　傷つくのか　わからないわたしは
表現に、日本語に、傷つくということを　かんがえてみたい

（「20　キコク」）

こうして途轍もなく痛々しい文字や音、あらゆる《記憶》をさぐる遠くて近い時間の旅がはじまる。たどりついた記憶のなかに、折り紙にまつわるものがあった。ほとんど忘れていた折り方を突然思い出す、そのよみがえり方にことばと向き合うわが身を見る。

できるときは、できる
できないときは
折り目を開いて
また一枚の紙に戻します
詳しい折り目が無数についている
迷路のように。
迷ったあとだけがあって
それ以外何もない　一枚の紙のほかには。
何かが折れたとき　わたしはにぎやかだ
何も折れないとき　わたしだけが残った

たしかに詩人にしてみれば、「残った」のは「わたしだけ」かもしれないのだが、それをながめる読者の目には、その「わたし」に「無数についている」ことばの《傷》も見えていて、それがどうやら文様のように、気づいたら地図にさえ映ったりもするのだ。

その図柄を、さてどう読み解けばよいのか、それが次の課題になる。


「わたしはキコク」と少女が口にした言葉の殺傷力にたじろぎながらも、詩人はその途方もない力の原因をさぐることはやめようとしない――「キコク」は外見そのものが「キトク」と紛らわしく、死に瀕しているみたいだとか、ひらがなでも漢字でもなく「カタカナ」であるから「意味の奪われた音だけ」になってことさら攻撃的なのだとか、主語に直結した述語として配されているから「文法的に痛々しい」のだとか、あれこれ分析したあげく、文字を知ること自体、そして書写をはじめること自体が悲しさと痛みをともなうのだと、いわば誰もがくぐり抜けなければならない経験に起因することを確認しようとする。

「書く」そして「掻く」とありきたりの連想が効いたせいなのか、詩人は言葉と「傷」の不可分の関係を、みずからの幼少期に、そして母親として文字を教えるいまの双方にたしかめてゆく。するとと、「わたしはかつて詩人だったことがある」という記憶がよみがえってくる。

ひどく孤独で誰にも似ておらず、誰とも連帯するつもりがなく、たったひとりで、この世を漂流していると考えていました。三歳から七歳くらのあいだのことです。つまりわたしはもっとも平凡な子供でした。

（「キコク」）

世界で「たったひとり」でいられたから、言葉に傷つくことも、誰かを傷つけたと気づくこともないまま、「詩人」でいることができたのだと、思いあたる。それがちょうど当てもなく紙を折っては開き、あとに残った折り目の数だけ迷ったしるしをたしかめているうちに、不意に何かが折れてできあがったときの当惑に似ていることに、いまの「わたし」なら気づくのだが、じつは、そうして気づくようになったこと自体、充分すぎるくらい言葉の傷を負ったり負わせたりしてきた証でもある――小池昌代の口跡にはそんな気配が滲んでいる。

「新しいことばは／……／傷からひゅっと／……生まれる」のだとすれば、それはまさしく不意打ちのようにして完成形を突きつける折り紙が、それまで刻んだ無数の折り目を「傷」だと承知のうえで放置しておくような、多少なりと自虐的な（と言うより自傷癖めいた）ふるまいに堪えられる者にしかおとずれない僥倖のような出来事なのかもしれない。

傷口から不意に生まれる「新しいことば」は、だがいったん口にされ、文字に移された途端、一気に死へと転落するものであることも承知しているからこそ、「折り目」ともよばれる迷いの痕跡を丹念になぞったり、ときに抉ったりまでして、現実の生の縁へと手繰りよせようとするのだと、女性詩人の対話相手である男性詩人は応えてみせる。

母親の死の記憶と、詩をつづりはじめたころの記憶とが縒り合わされて、無関係だとばかり思っていた「死」と「詩」が生という暮らしの縁で鬩ぎ合いを繰りひろげる。そして「四半世紀かけて／詩が私のなかに侵食してくる／コンピュータ・バグのように周到に／癌細胞の姑息さで」——四元康祐のたどりついた「死」と「詩」の結びつきは、こうして母親の面影に重ね合わされることで現在へと引き戻される。

　　彼女の直視したものが私のなかで像を結びはじめる

　　いまならばまだ詩を生活に埋葬することができるだろうか
　　だが洞穴には快楽のような潮が溢れてくる
　　掻き出された言葉たちは
　　血なまぐさい膜につつまれたまま息を引き取り、

活字へと干からびる

（「3　幻滅」）

記憶の地図をたどることが傷痕を抉るにひとしいのは当然としても、ここで四元康祐がわが身に突きつけているのは、そうまでして現在に手繰りよせた「言葉たち」が死臭を放ったまま早晩涸れ果てるさだめにある残酷さである。

ミュンヘンと東京という地理的隔たりをあっさり無化して、ふたりの詩人が交わす詩による対話を築きあげる「言葉たち」のなんと似ていることか――それはたとえば《瀕死》と形容するにはあまりに生々しく、《自虐的》とよぶには、どこか突きぬけた冷徹なまなざしが克っているように見え、ついにはわが身の輪郭を残酷に際立たせる。

ひとりの少女が
泳いでいる
素っ裸
（……）
誰も見ていないのに

誰かが見ている
どこかで誰かが
暗闇のなかから
その目が不意に
内側に埋め込まれ
わたしは　わたしを
映画を見ている　自分自身を見つけ出した

（「22　みずうみのまわり」）

自分自身を俯瞰する——おそらく幻覚とより判断のつかないような倒錯的な光景のなかにしか、傷痕から思いがけず生まれることばの居場所はないとでも言うように、女性詩人はしばしばわが身を見下ろす視線の内にその身を封じ込める。それが埋葬の仕草をまねて自分にできる唯ひとつのふるまいであるかのようだ。

そして男性詩人もまた、わが身を、あるいはわが身にまとわりつくことばを埋葬することを頻々と夢想する。夢のなかで地図を立体的になぞってみることで、ことばがかたちづくる地形や図柄をたしかめるしか、詩の、ことばの遠心力にあらがう術はないとでも言うかのようだ。

夢の手前に
複雑な地形の入江があり
海洋のかなたに
日没直後か日出直前か
夥しい光を孕んだ水平線が伸びていた

波打ち際は無数の曲線から成り立っているが
詩と生活の境目は一本の直線だ
私はそれを跨ぎ越す
星々までの距離は変わらない
コスモスは根付いたままで凋れてゆく

夢の向こうへ
一艘の小舟が漕ぎ出してゆく
王のような男と大きく目を見開いた女と

まっすぐに前を向く子供
水は中心から持ち上げられて完全な球をなしている

（「15　ハリネズミ」）

夢の「水平線」をはさんで「詩」と「生活」が対峙している——詩人が夢想するのは、両者の境界である「水平線」が大量かつ強烈な光をはらんだ直線であること、そしてその直線が完璧な球体の表面を走っていることの二点だ。いわば不可能な境界線をことばで夢想することによって、「詩」と「生活」のあいだの往来が可能になるとでも言いたげに、夢のなかで地形図をたえず視点を移動させながら拵えている。そのみぶりにどこかしら、諦観ともあるいは末期の眼とも映るまなざしが貼りついて見えるのは、詩人にとって、詩を《掻く》という行為が不可避的に向き合う《死》の世界にたいする目配せみたいなものかもしれない。

詩はついに中心には届かないだろう。地上の堅牢な礎であることを拒んで旅立った言葉の群れは、蝙蝠のようにばたばたと柱の間を飛びまわり、やがて盲い、その狡猾な顔もろとも、翼を燃やされるだろう。

（「13　絶対者の柱廊」）

どこからも切り離された《虚空》を浮遊する身体として、燃え尽きる寸前のことばが群れをなしている光景に立ち会えるのなら、死と盲目と引き替えに快楽に身を任せてもかまわない——死に最接近することでしか、ことばを中心から逸らし、瞬時、死から遠ざけることはかなわないことを、夢のなかの俯瞰図になじんだ詩人たちは熟知している。

旅する声

たとえば札幌郊外にあるモエレ沼にひろがるイサム・ノグチ設計の公園——その広大な敷地を、徒歩で、あるいは自転車で、めぐりながら、水と緑になじんでゆくからだを実感するとき、「見る」とか「聞く」といった行為がいつもとはちがって、「見る」あるいは「聞く」側の意思のおよばないところで反応を繰り出してくることに気づく。主体の感覚を惑乱する作用に身をゆだねていられることが、とても贅沢で充実した稀有な瞬間の連続であると直感されるのは、たぶん、「見る」あるいは「聞く」という行為の主体である《わたし》もまた「見る」あるいは「聞く」という行為の対象にほかならないことを、おのずと識ってしまうからかもしれない。《わたし》が《他者》であると《識る》ためには、《わたし》が《わたし》を見つめる《眼》を手に入れなければならない——しごく月並みな認識のからくりは、だが、たとえばノグチのモエレ沼に足を運びでもしないかぎり、しばしばわたしたちの感覚を翻弄して、《わたし》を、そして世界を見えにくくするほうに荷担する。

> 世界はいつでも自分の傍にありながら、気附く時には遠くにある。だから世界を喚ぶには、自分に呼びかける他にはない。感覚のあざむきがちな働きかけを避けて自分の坑道を降りることだ。その道だけが世界の豊かさに通じるものなのだから。
>
> （「自然と音楽――作曲家の日記」、『音、沈黙と測りあえるほどに』所収）

ほかでもないイサム・ノグチを愛した武満徹が、こうして世界と自分とを呼応と召喚の関係のなかに配置して、まずは「自分の坑道を降りること」を通して、「自然」と対峙する姿勢をしめしているのも、感覚にあざむかれない《自己／他者》認識なしに表現にたどりつけるはずがないと確信していたからにちがいない。

十八歳のころ、「調律された楽音のなかに騒音をもちこむこと」によって、「《音の河》に意味づける《シニフィエ》」という着想を得た（「ぼくの方法」、『音、沈黙と測りあえるほどに』所収）と回想する作曲家のなかには、つねに自己と世界の関係にそそがれている分析的なまなざしがある。そのまなざしを、瀧口修造から学んだと、展覧会に寄せた文章のなかで告白したりもするのだが、

「宇宙眼〔コスミックアイ〕」と名づけた瀧口のまなざしの在りようを介して、作曲家が発見したのは、結局のところ、《他者を識る》ことだったという。それが、「小我の鬩ぎ合いを繰り返すこの現実の状況を超えた、世界の真のオリジンを探ねる」（『音楽を呼びさますもの』所収）という瀧口修造らしい自己と世界との対話の交わし方であり、表現への接近の仕草だったと武満は考えているらしい。

瀧口とは異なる音楽の領域において「世界の真のオリジンを探ねる」実践を繰り返した結果、四十四歳にして作曲家が表明する願望には、やはり瀧口の刻印がくっきりと押されている。

　　私の音楽は、たんに娯みや慰めのためのものではない。
　　私の音楽は、つねに、個人的〔パーソナル〕な感情から生まれるものであり（……）、
　　私の音楽は、「自然」から多くを学んでいる。自然が謙虚に、しかし無類の精確さでさししめすこの宇宙の仕組みにたいして、私の音楽は、その不可知の秩序への限りない讃歎なのだ。
　　私は、音楽を通して、「世界」の匿名の部分〔パーツ〕たりたい。

（「作曲家の個展 '84　武満徹」『遠い呼び声の彼方へ』所収）

「『世界』の匿名の部分」である「私」が「自然」と対峙するなかで手にする感情が「個人的」であるからこそ、表現が生まれると確信をもって表明するようになった作曲家にとって、すると「見る」あるいは「聞く」という行為も、「自然」が謙虚に、しかし無類の精確さでさししめすこの宇宙の仕組み」に向けて放たれる「個人的」な感情を起点に持たなければならないだろう。

そうした「個人的」な感情を、武満は「やさしさelegance」ということばですくいとってみせる。

> すべての芸術が、その表現上の主題を強制したことで、「見る」あるいは「聞く」という人間の行為からは、やさしさeleganceが失われてしまった。（……）やさしさの失われた芸術を信じることはできない。それはたんに方式の形骸にすぎぬものだ。
>
> （「ジョン・ケージ」『音、沈黙と測りあえるほどに』所収）

「見る」あるいは「聞く」という行為をささえる「やさしさ」という感情（そして姿勢）をみとめるからこそ、武満はジョン・ケージの作品と同じように、イサム・ノグチの作品も愛したにちがいない。

ノグチの作品表現は、たどり着いた結果として為されるのではなく、それはいつでもはじまりの予感に充ちた永遠への止み難い欲望の形態をしている。私にとってそれらは官能的なものとして映る。

（「イサム・ノグチ——旅するもの」『樹の鏡、草原の鏡』所収）

武満が「官能的」とよぶノグチの表現には、じつはもうひとつ、武満にとって見逃すことのできない表現のための条件が備わっている。

旅の意味は、一つの地点から他のもう一つの決定された地点へ向うその目的性にあるのではなく、その経過の、限定されない人為的な意志によっては制しようもない領域にあるのであり、したがって、真の旅は終わることが無い。私たちが一つの目的地に滞まることを望む時は、表現行為は特権的な美に支配され、旅は全て無意味になってしまう。それにしても、ノグチのように旅しつづけることは容易な業ではない。

「目的性」を持たず、「人為的な意志」の制御を受けない、《永続》への願望にささえられた

《移動》——それを「旅の意味」であると武満は言う。もちろん旅をつづけることの困難を指摘することも忘れてはいない。「旅」と言いながら、目的地もしくは終点を持たないことの不安を、たとえば「官能的」と感じられないのであれば、「旅」はつづけられないことを、作曲家はよく識っている。

もうひとり、日本語で詩をつづる女性もまた、同じように、「旅」と表現との、あやうく官能的な絡まり具合を、旅先の、海峡をはさんで西洋と東洋が向かい合う街の記憶に重ねてみせる。

「旅をあきらめた日常のなかで、かつての旅が、旅の一瞬が、底のほうから、死体のように意識の水面に浮かび上がることがあります。そういうとき、わたしは、わたしの旅が、まだ終わっていなかったことにびっくりする」

（……）

「旅というものは、だから、たくさんしたからいいでしょう、というものではないのですよ。ただひとつの旅が、生涯をかけて終わらないこともある。それはあなたのなかを、針の運動のように、縫ってめぐる。あなたが旅をめぐるのではない。旅があなたをめぐるのです。
旅から帰ったあと、同じ場所で、あなたはさりげなく日常を始めます。けれど、旅人は誰ひとりとして、同じところへは戻れない。あなたは常に、前と違うところへ、着地する。
そこから日々を開始するのです。同じ場所にいると、あなたのなかが、だんだん発熱してきますでしょう。日常は、膿み、微熱を帯びるもの。旅はそれを、さますものです。旅は覚醒。夢を見るのなら、日常というものを失ってはいけません」

（小池昌代『地上を渡る声』「33」）

「旅」が官能的であるために醒めていなければならない、そう他人の口跡を借りて告げている詩人にも、はたして作曲家のこだわった表現の「やさしさ」は欲望されているのだろうか。
あてどなくつづけられる《移動》——それが「旅」とよばれるためには、ついぞおなじ地点にはもどれないし、どこかに行き着くこともないという宙づりの不安を、たとえば官能的でやさしいと受けとめる《意志》が要る。たぶんそれは作曲家がイサム・ノグチの表現について、「いつでもはじまりの予感に充ちた永遠への止み難い欲望の形態」と言ったときに見いだした「官能性」と同じものを欲望することを意味している。無目的な永続のなかでかかえる不安を心地よいと感じるだけでなく、その快感が何に由来するのかを見極める醒めた眼を手にしたいと欲することではじめて、その《移動》は「旅」と名づけられるというわけだ。

だから詩人が「旅は覚醒」とイスタンブールで出会った女性の口を借りて記すとき、そこには、《移動》の不安と快感は、「覚醒」の対極にあるかに見えてじつは背中合わせの、「夢」の体験である日常にささえられているという自覚がある。旅の回数が問題でもなければ、期間が肝要なわけでもないと詩人が言うのは、夢見る日常のなかに旅が向こうからやってくるものだと識っているからだ。「あなたが／旅をめぐるのではない。旅があなたをめぐるのです」と唄うのは、まさしく夢と覚醒とが綯い交ぜに縒れながら螺旋運動をつづけ、ついには「あなた」とよぶしかない《わたし》を発見する、そんな仕組みを識ること自体なんとも官能的な体験ではないかと、訴えているようにも見える。

イスタンブールの刺繍学校に響く、「糸と針と布のつくる、摩擦音」（小池昌代『地上を渡る声』「33」）。

ぷすっ、ぷすっ、
しゅーっ。

刺し子たちの「旅をあきらめた日常のなか」に不意にめぐってくる「旅」——そうして惹きおこされる「覚醒」によって、「日常」はふたたび「夢を見る」場としてよみがえるのだということを、詩人は目を閉じ耳を澄まして、繰り返しくりかえしたしかめている。「刺繡は楽しいわ。なにもかも忘れて夢中になれるから」と言った詩人とほぼ同い年の刺し子も、「ひたすら刺繡の時間について語り、その時間のなかの、自分について語った」見習いの少女も、かの女たちそれぞれの「日常」が「夢」の時間そのものであることを目の辺りにして、詩人は、かつての自分を発見する。

「あっ、わたしだ」とわたしは思った。
少女の目は、
まだ詩など書かない頃のわたしの目だった

そして言葉を必要としなかったころの自分が、果たして少女のように「静かで圧倒的な自由」を生きていただろうかと、詩人はみずからに問いかけてみる。

わたしは糸を……
意味ではなく
なにか別のものが
あのとき
わたしに手渡された
わたしはわたしのなかから
白い糸がすーっと
引き抜かれていくのを感じていました
わたしは糸を……

言葉に貼りついた「意味」と引き換えに詩人がこのとき「手渡された」ものとは、おそらく「痛み」であり、その感覚に伴う「快感」であるらしい。事実、件のトルコ旅行から十数年を経て、結婚、出産を経験した詩人は、深夜自宅で、針仕事をしながら、イスタンブールの刺し子たちの笑顔を「ふわっと」思い浮かべて、こう記すのだ。

痛っ！
「針仕事で指をさしてしまうことがあるでしょう、わたしはあの、痛みが好きです。針よりも正確で鋭い痛みをくれるものが他にありますか」

ずぼっ
ずぼっ
ずぼっ
ぶすっ

こうして『地上を渡る声』（書肆山田、二〇〇六）と題された詩集は、旅の記憶をなぞるうちから、「ずぼっ」、「ぶすっ」と二種類の摩擦音を蝶番にして、イスタンブールと東京、十数年前と現在、と時空間を縒り合わせ、ついには「旅」と「日常」、つまりは「覚醒」と「夢」との境界を綯い交ぜにしてみせたあと、夢ともうつつともつかない《ぬくもり》のあたりへと視線を向かわせる。詩集を閉じる作品「34」は、こうはじまっている――「火にあたっていってください――」。

自分の夢には「無数の穴があいて」いて、ほんとうの夢は「穴」なのか「穴以外」なのかが分からないと告白したうえで、詩人は、いま、焚き火の《ぬくもり》のほうへと近づいていく。そしてその傍らに「あくまでやさしい表情」をした初老の男性がいて、「澄み切った気配」があたりを埋めている。「火を囲むひとの輪は欠けることがない」。

年の改まった最初の日、京都、貴船神社の光景をうつしながら、詩人はみずからに問うている。自分にもいずれ《ぬくもり》の輪を離れる順番がきたら、そのとき、それまでの《ぬくもり》を「おくりものであった」と言えるだろうか。「(……)心になんのよどみも持たず、ひたすら済みきって石段を降りていく。何が焼かれたのか。(……)わたしはいなくなる。階段を下りていく、この身体は誰のもの」と。

最後に放たれるのはまたしても、感覚に欺かれないように気を配りながら、《わたし》を見つめる《わたし》の眼差しに向けた抜き差しならない問いである。けれどこの問いの切迫感は、詩集の最後の一行に配された誘いとも懇願ともひびく呼びかけによって、やさしくすくい上げられる。

火にあたっていってください、どうぞ火に——

そして、この呼びかけによって、先の問の答もまたあたえられているのかもしれない――《わたし》の「身体」は誰に帰属するものでもない、強いて言うなら、《ぬくもり》を囲むひとすべてに手渡され、受け継がれることのできるような、実体を持たない《声》のようなものかもしれない、と。

詩集の表題『地上を渡る声』とは、ほかでもないそうして共有される身体の謂ではないのか。それは、たとえば次に挙げる作品「3」が端的にしめしている。

数えるな
しゃがれた声は再び言った
日々を数えるな
生きた日を数えるな
ただ　そこに在れ
そこにあふれよ

ただ存在しあふれる声――そうした声を聴く身体の器官とは、ふつうなら聴覚をつかさどる耳であるはずだが、《そこに在るだけの声》は聴くよりはむしろ視る対象であるらしい。

視る対象であるからこそ、そうした声は、ときに「窓の声、光の声」と名づけられ、記憶のなかにある「風景」に重ね合わせられたりもする。詩集の23番目に配された作品には、子どものころに見た「町の風景」がよび覚まされて、そのフレームを規定するものが《記憶という窓》であることが明かされる――

窓はいつでも開いているわけではなかったが、思い出す窓は閉じられたことがない。

（……）

まだどこにも光が見えない闇のなか
計られたように正確な位置に
小さな窓が　あくのである
そこからのぞく
幼女のわたし
中年のわたし
老婆のわたし
見知らぬわたし

のぞくわたしを
こちらからそっとのぞくわたし

わたしという小さな窓が——

このとき、「わたし」が「窓」である、しかも「声」を聴き「声」を視る器官であると告げる詩人の《声》が、どこまでも地上を渡り、いつまでも旅をつづける《声》でなければ、わたしたち読者には、そうした感覚の惑乱に身をゆだね《声》を視ることは不可能なのだ。

* 武満徹の引用は、『音、沈黙と測りあえるほどに』（新潮社、一九七一）、『遠い呼び声の彼方へ』（新潮社、一九九二）、『樹の鏡、草原の鏡』（新潮社、一九七五）。

すべてがはじまる場所

たとえば、ある秋の昼下がり、見慣れたはずの風景がふいに未知の顔をのぞかせたとき、それを《謎》と感じるのは、明示的に説明ができないからだと述懐した画家がいる。

おそらくキュビスムにも未来主義にも愛想をつかして、視覚がとらえ切り取った対象は現実ではなくて現象、それもこのうえなく不安定な束の間でしかないと気づいたのだろうか、じつは目を凝らせば凝らすほど、眼に映る世界は曖昧で謎めいて見えてくることを、ほとんど啓示のようにして理解した経験について、ギリシャ生まれのイタリア人画家は語っている。

秋のフィレンツェ、聖クローチェ教会の前にひろがる広場の中央に腰を下ろし、眺めわたす風景が、たとえば大理石でできたものなら、建物も噴水もとてもやわらかに見える――はじめての感覚に途惑いながら、広場を睥睨する詩人ダンテの彫像に目をやると、桂冠詩人の面立ちに思索の影が射している。もしかしたら長い入院生活のあとで、心がやわらかになっているせいかもしれない、と見当をつけてはみたものの、腑に落ちるわけでもない。

秋の暑くつよい陽射しが彫像と教会のファサードをまぶしく照らしていた。そのとき、いまはじめて見るものたちをながめているのかもしれないという奇妙な感覚におそわれ、ふいに画面の構図が心の眼に浮かんだ。いまでもこの絵(「ある秋の午後の謎」一九一〇年)を見るたびに、あのときの瞬間がよみがえる。なにもあの瞬間がわたしにとって謎であるわけではない。あの瞬間は明確に説明のつかないものだ。そうした瞬間を起点にもつ作品を《謎》とよぶのも悪くない。

ジョルジョ・デ・キリコの回想する《啓示》の瞬間には、宙づりのまま待機をかさねた心が突然ひらかれ、気づいたらあたらしい世界のなかにいた、というような不条理で謎めいた体験がひかえているらしい。そうした体験のありようを「形而上的」と認識することから生まれた絵画を「形而上派」(メタフィジカ)とよぶようになるのは、聖クローチェ広場での体験からさらに八年を待たねばならない(おまけに、この用語を最初に用いたのはカルロ・カッラである)のだけれど、少なくとも療養明けのデ・キリコにとって、聖クローチェ教会へ足を運んだ一九一〇年が、「メタフィジカ」を表現の本質に見据える決定的な出来事であったことはまちがいない。

少しだけ美術史に沿って言い換えてみれば、二六年には曖昧なままやり過ごしてきたシュルレアリストたちとの関係が決定的な破局をむかえ、四〇年前後からは、バロック的背景のなかに神話的逸話を挿入しつつ、扮装を凝らした自画像が相次いで登場するようになる画家の軌跡において、一〇年に描かれたフィレンツェの広場には、後年の連作『イタリアの広場』にあらわれる《形而上的》要素——実存的不安、待機、謎、孤独、予感——が既にすべて貼りついている。そこに、もちろん同時代のディーノ・カンパーナという夭折した詩人の世界を重ね合わせたとしても、ベックリンやプッサンの古代ギリシャ的世界への共感やニーチェの見た黄昏へと繰り延べられる光線を読み取ったとしても、いっこうに不可思議ではない歴史的状況が、他方には揺るがしがたい現実としてある。そうした歴史的状況のなかで、デ・キリコは、絵画は《思索》である以上、画家は世界をわが身から遠ざけることによって、世界との関係には介入しないという意思を明示する方途をえらんだと考えることができる。

一九一〇年の聖クローチェ広場に立ちこめる不安と孤独は、こうしてその絵画作品をながめる者の不安と孤独へと反転する。それはほとんど三十年余もはやく、カミュの『異邦人』(四二年)においてムルソーを襲う疎外をマネキンに体現させていたということでもあるだろう。

あるいは、すこし遡って、カフカの『城』（二六年）の住人たちに代わるものだったと言ってもよいかもしれない。逆に手前に引き寄せて、アントニオーニの『赤い砂漠』（六四年）の映像を浸す絶望の、おどろくべき起源であると見なしてもよいだろう。

デ・キリコが見つめているのは、たぶん絵画空間のむこう、それを超えた虚空とも、方向を喪失した空間とも、よべるものかもしれない。

それは画家が最初に発表した自画像（一九一一年）によって、明白にしめされている。暗い色彩のなか、背後にひろがる虚空をさえぎるようにして画家のすがたがある。画面を超えて遠くを見遣るまなざしのたたえる憂鬱に、画面全体が呑み込まれてしまいそうな不安と予感がただよっている。

こうして絵画空間の外にひろがる底無しの不条理にもっぱら視線をそそぐようになると、じっさい、デ・キリコの画面から人間がすがたを消す。一九一五年以降、画面の住人は、「思索者」であったり「哲学者」あるいは「賢者」であったりと名称はいろいろだが、あの聖クローチェ広場を睥睨する詩人ダンテの彫像に起源をもつマネキンたちだけになる。

そしておそらく、このときから画家にとっては、ときおり描く自画像もまたマネキンの仲間入りを果たしたのだろう。ほかでもない、描かれたわが身こそが最大の《謎》であることは、デ・キリコにとって、一九一〇年に聖クローチェ教会に赴いたときからわかっていたからだ。

《自画像》――それが、すべてのはじまるところ（O TOUT PARTIRA）、と、たとえばフランス語ならアナグラムの戯れでしめしてみることもできる。

けれど、それ以上に関心をそそられるのは、かつてデ・キリコの絵画を「奇妙なくらい形而上的」と評したアポリネールの言う「奇妙」さが、じつは、無人の広場や静物やマネキンについてだけでなく、むしろもっぱら自画像について有効な評言であったかもしれない点である。

第二次世界大戦前に集中して描かれているデ・キリコの自画像が、一六、七世紀のバロック装束に身を固めたものであることはすでにふれたとおりだが、その選択が、もしかしたらみずから歩んできた足跡をいったん途切れさせる意図のもとでなされたものなのか、それとも持続の意思のあらわれなのかについては、かならずしも判然としていない。

つまりアポリネールの評言にある「奇妙」さは、こうした接続と切断の不可解なありように向けられているのかもしれないということだ。あるいはこうした事態を予告していたと言えるのかもしれない。

ある見方からすれば、絵画の黄金時代ともよばれるバロックへの執着と回帰に、「メタフィジカ」の牽引者による郷愁や時代錯誤を見ることはしごく当然なのだけれど、たとえば、画家がフランス美術アカデミー外国人会員に推挙された際の講演を読むと、どうやら本人には回顧的身ぶりなど毛頭考えたことのなかったことがわかる。「最善を尽くす」という表現で、画家は、みずからの軌跡の一貫性を申し立てる——回顧ではなく、前進だと正当化を試みているのだと見ることも可能かもしれない。

だが繰り返し指摘してきたように、デ・キリコにとって、世界が《謎》であり、できうるかぎりその外部にあろうと努める《私》自身もまた《謎》であることは、「ある秋の午後の謎」を着想した《啓示》以来、あまりに自明の認識であったのだとすれば、検討されるべきは《私》という《謎》がどのように描かれたのかであって、その選択が回顧的な身ぶりであるか否かではないだろう。

さてデ・キリコの《自画像》について考えるうえで有効な参照項となりうる作品として、デイヴィッド・ホックニーの「芸術家とモデル」(一九七四年、テルアビブ美術館)を思い起こしてみよう。

テーブルをはさんで、芸術家=ピカソとモデル=ホックニーが向かい合って座っている。左側にいるピカソはおなじみのマリンルック、横縞のボートネックの両袖を軽くたくし上げて、テーブルにのせた両手で支えた画用紙とおぼしき紙に視線を送っている。わたしたちに見えるのは、その紙の裏面だけなのだが、そこには全面に細かな線が縦横に走っている。右側で正対するモデル、ホックニーは全裸で背筋を伸ばしてクッションを置いた椅子に着座。ふたりの奥にはドレープのゆったりしたカーテンに大きな硝子窓があいていて、その窓越しに、棕櫚にしては華奢な枝葉がちょこんとのぞいている。さらに奥には鎧戸の開いた向かいの窓と屋根――このモノクロームの構図のなかで、いったいホックニーはかれ自身のどんなすがたを描こうとしたのだろうか。これが《自画像》であるとよべるのはなぜなのだろうか。

ホックニーは一九三七年生まれ、ピカソは一八八一年生まれ。もちろんふたりが出会う可能性はあった。ただ、この作品が制作された一九七四年、ピカソはすでにこの世にはいない。前年七三年に没している。そして、じっさい、ふたりの画家が出会うことはなかった。

だとすれば、この作品にホックニーがこめたメッセージは直截にすぎるかもしれない。

一九七四年、デイヴィッド・ホックニーはモデルとして、師パブロ・ピカソに、その死後も変わることなくポーズを取ることを厭わない――そんな画家の心象が《自画像》としてわたしたちにとどけられたということだ。

《自画像》――「すべてがはじまる場所」とは、すべてが帰る場所でもあるのだとホックニーはつたえているのかもしれない。

するとデ・キリコの時代錯誤とも映る一連の《自画像》は、いったいどこから発って、どこへもどるための場所なのだろうか。

さてギリシャ生まれのイタリア人画家の遺した《自画像》において、起点と終点の合致する円環的帰結が前提されていたとすれば、それは《私》という《謎》をさぐる作業自体が堂々巡り以外の何ものでもないからなのだが、とりわけ《自画像》をめぐる言説のなかに、そうした円環的イメージが頻出するのは、いわゆる《自画像》の持つ明確な外部世界との境界をともかくもたえず往還することでしか描かれた《私》にたどりつけないと気づいた結果なのかもしれない。

だからたとえば一九九五年のヴェネツィア・ビエンナーレ展に寄せた「アーティストと集団の肖像画」と題された文章のなかで、マルク・フマロリが《自画像》について「ヨーロッパの美術において疑いなくもっとも混乱したジャンルである」と指摘したうえで、「回文」との類比を持ちだしてくるのも、《自／他》もしくは《内／外》の容易で不可解な反転性をこの「ジャンル」の特質として認めているからだと考えられる。

もっとも《自画像》を絵画の「ジャンル」とよぶか、「カテゴリー」とよぶかについては、思いの外、論議の的となっているようだが、どちらに位置づけようと、《自画像》は《人間》の自己表象であって、《世界》のそれではないという一点において「芸術そのものの寓意」（フィリップ・ルジュンヌ）となりうるのだと考えて、フマロリの言う「回文」めいた《自画像》の特質を、さらにすすめて内部でも外部でもなく、自己でも他者でもない形象のもたらす混乱した視覚の認識作用へと敷衍してみよう。

《自画像》とは《錯視》もしくは《見誤り》であるとして、その際、取り違えられた対象となっているのは果たしてほんとうに自分ではなく他人なのか——ちょうど自伝テクストを前にしておぼえる困惑にひとしい問いが《自画像》にたいしても投げかけられる。

少なくとも《自伝》とはちがって、《自画像》はそこに描かれた対象となる人物、つまりは画家たち自身の生涯について語る意志を持たない。たとえばレンブラントはその自画像によって一六〇六年から六九年までの生涯について語ろうとしたわけではない。一八五三年にはじまり一九〇〇年に閉じるゴッホの生涯が自画像のなかに塗り込まれているわけもない。レンブラントの自画像なら、寄る辺ない孤独と絶望を遠ざける祈りのようなものとして描かれたのだろうし、ゴッホなら作品そのものが生でありうるようなのっぴきならない挑戦の結果として自画像はあるのだろう。あるいはふたりに、可能なかぎり論理的に自分を表現することに固執したと述懐するセザンヌの自画像を加えてもよいかもしれない。

すると老レンブラントが自画像のなかでたたえる微笑みの放つ挑発も、じつは絵画という表現形式が否応なく手にしてしまう《権力》に似た何ものかを見据えたうえで観る者を射止めるのかと思いあたりもする。一六六〇年以降、三度にわたって画家が画家の衣装のままの自分を描いたのも、じつはそうした絵画という《力》に対峙するだけの自信を得たがゆえの挑発的身ぶりだったのかもしれない。同じように、六七年の生涯が終わりに差しかかった二〇世紀の初頭、セザンヌも一枚のリトグラフに画家セザンヌの肖像を描いてヴォラールに贈っている。ゴッホだって、療養所に収容されて数週間してから、あの左耳を隠したゴッホを描いている。

こうしてそれぞれが遺した画家としての自分自身を描いた作品が発している問いがあるとすれば、それは絵画という《力》そのものにたいして向けられている。けっしてかれらが向き合っているのはみずからの孤独でもなければ、自分自身でもない。いわば絵画そのものだと言ってかまわない。

このとき絵画と対峙する《自画像》は、だが、一五世紀にレオン・バッティスタ・アルベルティが記したナルシスの発明としての絵画の系譜に連なりはしない。たとえば、小説を読むとき、読者は自分自身を読んでいるといった、すぐれて二〇世紀的な認識に連結しているように見える——《自画像》は、観る者にとっては自分自身を認識する契機をもたらし、描く者にとっては絵画（の《権力》）そのものと対峙する経験となるとでもいったような。

白い額縁に収められた白い紙に記されたような赤いインクの署名、そして年号——マルセル・デュシャンが一九六四年に描いた署名としての自画像（パリ、個人蔵）が観る者に問いかけているのも、じつはこうした《自画像》の持つ輻輳した機能を意識してのことだったのかもしれない。

みずからを固定し、その正体を明らかにする手段として、デュシャンが選んだのは、時の経過につれて絵画空間の一角に遺された署名が作者を指示する《力》を増大させていくような仕組みにたいする明快きわまりない返答である。観る者がいてはじめて美術作品は成り立つと考えていたデュシャンらしい選択である。

アーティストがある日なにかをつくり、それが認知されるのは公衆の介入あってのことだ。観客の介入あってのことである。そうして後世に受け継がれていくのだ。それは誰にも抑えつけることのできないものである。それが結局ふたつの極にまたがっている産物だからだ。一方の極に作品をつくる者が、もう一方には作品をながめる者がいる。作品をながめる者とつくる者、それぞれがわたしには同じだけ大切なのだ。

（ピエール・キャバンヌによるインタビュー、一九九五）

そしてたぶん《自画像》による表現は、このデュシャンの言うふたつの極の存在を他のどの絵画表現よりも意識させ、また必要とするジャンルなのだと、署名による自画像は告げているのかもしれない。

同じようにルーチョ・フォンターナが銅版画に遺した「わたしがフォンターナである」（一

九六六年、ロカルノ、ライモンド・レッツォニコ・コレクション）も、イタリア語で記された手書きの文字（Io sono Fontana）が反転して中央に配された菱形に囲まれ、さらにその菱形を額縁を思わせる矩形が囲むという、一文から成る《自画像》である。

ここで思い出すべきは、フォンタ−ナが一九四九年以降、六八年に逝くまで、作品すべてに同一のタイトル（「空間概念 Concetto spaziale」）をあたえつづけたという事実かもしれない。なのに、この作品「わたしがフォンターナである」だけが唯一例外を為している。

レオナルドの鏡文字を連想させる反転した判読不能な文字の連なりをにらんでいるうち、やがて三つのことばが見えてくる。左から右へとではなく、逆方向に浮かぶように刷られた「わたしがフォンターナである」のことばが、じつはフォンターナにとって、「わたしが空間概念である」と刻んだに等しいことが判ってくる――ここでもまた、《自画像》の作り手はみずからのすがたをではなく、絵画そのものと対峙している。

あるいは未来主義の画家、ジャコモ・バッラが速度や工業都市という主題を離れ、都会の風景や人物を描くようになってからの自画像「アウトカッフェ AUTOCAFFE」（一九二八年、ウッフィツィ美術館蔵）――口髭をたくわえた五十七歳の画家がエスプレッソ・コーヒーのカップを左手に、ソーサーを右手に持ち、視線は描き手に、というか観る者に向けている。冬なのだろう、やわらかそうな生地のオーヴァーコートを着て、外出先のカフェでの一コマだろうか、右から射し込む外光もやわらかで、画面全体がゆったりとしている。それでいて観る者の心をざわつかせるなにかがあって、どうやらそれがバッラのまなざしのせいらしいと気づく。思いのほか、柔和ではない視線の先に見据えられているものは、たぶん画家自身ではあるまい。この先、八十六年という長い生涯をとおして絵画という《力》と向き合いつづけたバッラなら、すでにこのとき、そうした絵画の《力》そのものを見つめていたにちがいない。

仮に《自画像》による表現が、結局は絵画そのものを見つめる作業であるとするならば、《自画像》として描かれるかたちのなかに、いかなるものが紛れ込もうとかまわないことになる。それがたとえばコロンビア生まれの画家フェルナンド・ボテロみたいに、新聞の一面に載った上半身の写真となった画家自身のすがたであろうとかまわない——焦げ茶色のテーブルに白いカヴァーが折り畳んだまま掛けられていて、そのうえに、くすんだ灰色のポット、不自然に寸の詰まった明るい茶色のギター、オレンジが二個（内一個は上端が切られて、切れ端が上向きに転がっている）。なぜかフランス語の新聞はそのポットと二個のオレンジの下敷きになっている。

ボテロの作品に自画像を意味することばは見あたらない。「新聞のある静物」（一九八九年、パリ、個人蔵）、これがタイトルである。新聞の文字は判読できないから、画家の写真がなぜ一面に掲載されているかは分からない。ただ、ボテロが《自画像》についてどのように考えているかは想像がつく。

それはデュシャン同様、公的になってはじめて《自画像》は意味を獲得するものであり、そのためには他者のまなざしが不可欠であるというものだと言ってもよい。《自画像》——すべてのはじまるところであり、すべての帰り着くところであるという奇妙にねじれた往還を繰り返すジャンル——が投げかける問いとは、だから、《私》という《謎》は奈辺にもとめうるかという問いにひとしいのかもしれず、たとえばジョルジョ・デ・キリコの時代錯誤とも映るバロック回帰を装った一連の《自画像》であっても、その問いから逃れることはかなわないのだろう。

このとき、そうした《自画像》が差しだす問いをも、デ・キリコは「形而上的（メタフィジカ）」とよんだのであり、その形而上的認識の果てにこそ、《私》という《謎》を解く糸口が見えると確信していたはずなのだ。

* 引用は、
Giorgio de Chirico, *Memoire dell mia vita*, Bompiani, 2002.
— *Scritti I*, Bompiani, 2008.

音をはかる

海辺に横たわるセイレーン——上半身が魚、下半身が女性。怪物がそなえるべき古典的雑種性は、上下逆転した半魚半人となり、人間の顔を放棄することで実現される。イルカによく似た顔つきのセイレーンは、ことばを発することも、大声をあげることもない。いにしえの歌の記憶はもちろん失われている。

こんなふうにしてルネ・マグリットは、一九三四年、絵画のなかで、セイレーンから《歌》を、そして《声》を、奪ってみせた。しかも歌うどころか、呼吸すら苦しげなイルカ顔のセイレーンが《声》と引き替えに差し出しているのが直截の《エロス》であるとすれば、古代ギリシャの神話がつたえる海の妖精のすがたはなんとも肉感的どころか、あやうい死姦の気配さえ漂わせている。もはや海中を出て、陸に上がった妖精に、ではいったい誰が、どこから視線を送るのか――歌声が聞こえない以上、妖精の存在を認める手だては耳ではなく眼しかありえないとしても、その眼の持ち主がはたしてオデュッセウスのように船上にいる人物なのか、その視線は邪気をふくんでいるのか、とあらためて問うてみるべきだとマグリットは告げているのかもしれない。夢幻症と言っても、幻聴ではなく幻視を体験することの危険な官能性に、画家の全感覚がそそがれている。

あるいは同じセイレーンでも、フランツ・カフカの描いたそれは古典的で、顔が女性、からだは鳥というものだったことを思い出そう。オデュッセウスの策略にかかって、驚きのあまり声を失うセイレーン――カフカの描くオデュッセウスは、不遜とも言えるくらいに楽天的で、みずからの才能、それも《見る》ことの才能を信じて疑わない。船上にあって、視線を高くたもち、セイレーンのすがたは視界の片隅をかすかによぎるにとどめるという《見る》ことの戦略――それをアナーキーとよぶか、狡猾とよぶかについて、カフカ自身は答えをあたえてはいない。ただ、すがたこそ古典的だがカフカの描くセイレーンもやはり、《歌》を奪われていることに変わりはない。オデュッセウスの《視覚》戦略にとって直截の対象となるのは、だからセイレーンの《歌声》ではなく、《沈黙》という不在の音なのだ。言い換えれば、《無音》の誘惑を逃れるべく、強靱な《眼》の潜在力、視覚の秩序を恃んで《無視》を決め込むという戦略的選択の背後には、セイレーン（そして海の妖精が体現する超越的存在）に向けて放たれる少なからぬ悪意や皮肉が見え隠れする。

二〇世紀前半のほぼ同時代を生きた画家と小説家の放った、古代ギリシャ神話にたいするいずれにせよ批評的視線に共通しているものがあるとすれば、セイレーンから《歌・声》を奪うことが、じつは惑溺の果てに待つ悲惨な運命を回避する唯一の手だてである戦略としての《幻視》なのかもしれない。

《幻視》体験のなかで、《見る》ことのもたらす《聴覚》を、《眼で聴く》ことを精確に測定する方法を試してみる――マグリットとカフカが残した実践例の指し示している実験的測量とは、つまるところ、こうした夢のなかのあやうい出来事なのだ。

《眼で聴く》、あるいは視覚によって《音》をはかる――こうした夢幻的測量が、どうやら戦後の日本においても行われていたらしいと気づかされるのは、たとえば土門拳のカメラにおさめられた江東の子どもたちと出遭ったときだったりする。

「近藤勇と鞍馬天狗」（一九五五年）と題された一枚の写真。男の子が四人、いや五人、路上でチャンバラごっこをしている。左手前の子（近藤勇）は雪駄を脱ぎとばし、宙を跳んでいる。右手の視線の先には、屈んでその太刀を受けようと、重心を落として身構える子（鞍馬天狗）の後ろ姿が――ふかい遠近法のなかに配された子どもたちと、そして跳躍する子の頭上にぼんやりのぞく割烹着姿の女性、さらには路地沿いの家並み、それらの被写体とならんで、見る者の視線を惹きつける長く足を引く影。おそらく見る者だれもがブレッソンのとらえたサン・ラザールの「決定的瞬間」の光景を思い出すにちがいない作品には、だが、際立った特徴がある。

宙を舞う男の子の口元を見つめてみよう。開いているのか、綻んでいるのか、判然とはしないけれど、その口元から、少なくともなにかしら《声》が発せられているのが見てとれる（割烹着姿の女性が振り返っているのも、その《声》を耳にしたからにちがいない）。ファインダーをのぞいていた写真家の耳には届いていたはずの《声》が、わたしたちの《眼》にも聞こえてくる。切り取られた瞬間の光景のなかに封じ込められている《声》は、こうしてわたしたちに届けられることを想定して撮られたのかもしれない。精確に効果を予測して撮影された《音》――これを写真の測定による《音》響効果とよんでもかまわないだろう。

生前は写真集として纏められることのなかった江東の子どもたちを撮したもののなかには、ほかにもいろいろな《音》が写っている。子どもたちの足音も、はしゃぐ声も、モノクロームのフレームのなかから聞こえてくる。

うわべの、絵そらごとのものでなく、
人間の心から出た動き、表情をつかみたい。
それには、江東なんかの女のこどもにそれを見出すので、つい江東方面に行く気になるんだよ。

（「身近なモチーフ」『フォトアート』一九五五年五月号）

こんなふうに座談会のなかで、本心から出た偽りのない表情を撮ることへのこだわりを見せた写真家は、だから、たとえば「とかげ」（一九五五年）においても、三人の少年の笑顔を、笑い声もろとも撮ることができたのだろう——頭上にとかげをのせた少年はうつむいているのだが、微笑んでいるのがわかる、カメラのほうを向いた少年は口をおおきく開けて笑っている、そしてもうひとり、右上方からおでこと鼻先、右頬しか見えない少年も微笑んでいるのがわかる。画面全体に響いているのは、カメラに向いた少年の笑い声であることはたしかなのだが、このフレームに切り取られた一瞬には、なぜか微笑む少年たちのちいさな声も写っていて、静止した瞬間ではなく、一定の時間が切り取られ撮されているように見える。

五歳でふいにこの世を去った次女に代わって、ファインダーのなかに次つぎ登場した子どもたちを、その《声》までもまるごと撮しとろうとした土門拳の《眼》が測定した《音》のふくよかな拡がりに、わたしたちの表情もゆるんでくる。

だがゆるんだ表情をそのままにしていられるほど、写真家が測定した子どもたちの《音》はやさしくはない。言うまでもなく、江東の子どもたちの《声・音》は、写真家が死と生の切迫した関係のなかに身を置くことがなければ聴きとることも、撮しとることもできなかったはずのものだからだ。とりわけ土門拳にとっては、死と生の境域すれすれのところにたたずんで目を凝らすことが、《音》をはかるために必要だったように見える。

写真家土門拳が江東に通ってから二十年ばかり経て、ひとりの映画作家がヨーロッパをまわって、絵画や彫刻、建築物を映像におさめたのだが、そこでもやはり実践されているのは、《眼》による《音》の測定であることに気づく。

視覚による《音》の測定とは、絵画という静止画の場合、当然ながら《時間》を撮すという逆説を前提する。ところがもともと時間を撮影する映像の場合、問題となるのはむしろ、映像が撮した、たとえば絵画から、どのようにしたら映像が物理的に消費する《時間》を排除できるかであるかもしれない。

これはもちろん、絵画と映画という時間的にも空間的にも異質なフレームが混在する状況を映像のなかに取り込もうとするがゆえに生じる難題であるにちがいない。そして同時に、《見る》ことが不可避的にかかえる矛盾に満ちた秩序の証左でもあるだろう。

さてその映画作家、吉田喜重がしめす異質なフレームの共存可能な様態とはどのようなものだったのか、そしてそのとき視覚的に測定された《音》は、映像自体がふくんでいる音声（ナレーション、音楽も合わせて）とどのような関係を有しているのか、それぞれ確認してみることにしよう。——一九七〇年代にテレビ用に作成された『美の美』と題された一連の作品が、その対象となる。

たとえばイタリア中部、ウンブリア地方にある聖フランチェスコゆかりの町を描いた二本（「イタリア・アッシジの壁画」一九七四年三月十一日、十八日放送分）を例に考えてみよう。

一三世紀、ちいさな都市国家に生きた聖人の生涯を、風景と壁画を丹念に追いながらたどる映像のなかで、まず目を惹くのは、ときおり無雑作に画面を横切るようにして現れ、その後ろ姿を肥大させ、わたしたち観る者の視線をさえぎったままたたずむ人影であるかもしれない。そのシルエットが監督自身のものであることは、もちろん誰しも容易に気づくであろうし、加えて冒頭から全編に流れるナレーションの声の主が監督であることは、あらかじめ知らされているわけだから、そうした映像への直接的な関与の仕方に監督の明確な意図が籠められていることに思い至らないはずがない。

それはたとえば、画面のなかにある壁画の大きさをシルエットとの比較によって例示することであったり、あるいは射し込む光の位置や角度を、その時刻まで類推させながら、シルエットの濃淡によって示唆することであったりするだろう。

けれどわたしたち観る者を惹きつけるのは、じつは何よりも、けっして昂ぶりを見せない語りの声と、つねにゆっくりと移動するフレーム、そしてたたずむシルエット、この三者の不可分な連関にある。そこでは確実に歩測された空間と、視覚によって測定された《音》が持続させる時間とが映像のなかで不可思議な融解と分裂を繰り返すことで、どうやら《見る》ことが不可避的にかかえる不安と緊張に、わたしたちを対峙させようとしているように見える。

　たとえば映像におさめられた絵画作品と相対するとき、わたしたちは映像が消費する物理的時間を共有しつつも、スクリーンなりディスプレイなりに縁取られたもうひとつのフレームの内にある静止画である絵画のなかでは時間が消費されることはないかのごとくふるまうことによって、ある種の擬似体験を追認しているのかもしれない——いま自分は、とある美術館にいて、かねてから観たいと願っていた絵の前にいる。せっかくの機会だ、心ゆくまでながめていよう。

　じつは目の前にある絵と相対させられているのに、みずからの意志で相対する時間を左右できるかのようにふるまってみせたところで、映像が持続する時間以上でも以下でもなく、観る者が絵画と相対する時間は切断をのがれることはできない。

　そうした自明の矛盾をかかえたうえでなお、絵画を被写体とするのであれば、映画と絵画という異質な時空の混淆する二重のフレームに、その異質性を明示的につたえるさらに別のフレームを導入することが、まずは観る者にたいする礼儀のようなものだと言えるかもしれない。わたしたちの映画作家、吉田喜重の場合、それは律儀すぎるくらい、重層的なフレームの存在を観る者に意識させようとしていることが分かる。

先に挙げた「イタリア・アッシジの壁画」と題された二篇をたどってみよう。

一九七四年三月十一日放映の「I　聖フランシスとは誰か」と副題された作品は、聖フランチェスコ大聖堂の回廊に渦巻く光（と影）、明暗のへだたりを埋めるようにして響き渡る鐘の音からはじまる。アッシジの地理的・歴史的位置に関する必要最小限の導入を、大聖堂の薔薇窓を大写しにしてから町の遠景をとらえるあいだにすませると、いよいよジョット（一二六〇～一三三六年）の描いた二十一枚からなる壁画を追いながら「聖フランチェスコの生涯」の物語がはじまる。

感情の起伏を抑えた物静かな声によって丹念にたどられる聖人の生涯は、観る者の視界を覆う壁画のそれぞれが、語り手による聖人の経験や出来事にたいする評価や批評に応じて大きさや細部を替えることで推移していく――捕虜体験も法悦の発見も、時の法王イノケンティウス三世との軋轢も、アレッツォでの悪魔払いの逸話も、そのつど壁画のどの部分を、あるいは全体を映すかによって、語り手の（そして同一人物である映画作家の）聖フランチェスコにたいする思いを、ときに人工の燃えさかる炎や疾駆する馬車の音といった効果音を挿入しながら、率直につたえようとする。

そうして聖フランチェスコの右脇腹にのこる聖痕の奇蹟について語る声は、唐突としか思えない物言いで、その傷が自損による可能性を告げ、聖人の四十四年におよぶ生涯を結ぶのだけれど、じつのところ語り手がほんとうにつたえたかったのは、聖フランチェスコ伝最後の一枚であるらしい。二十一枚目にしてはじめて聖人の生涯に登場するもうひとりの聖人にしてヒロイン、聖キアーラの存在——フランチェスコ臨終の枕頭にはじめてすがたを現すことの不自然さに、それまで抑制を失うことのなかった語り手の声がつよい不信をにじませるのだ。一一九三年生まれのキアーラがフランチェスコに出会ったのが一二一一年であったことを思えば、言い伝えにある両者のふかい縁に比して、ジョットの壁画におけるヒロインへの言及の少なさは異様としか映らないというのである。

こうした考察を語りの声が告げるとき、画面には陽ざしあふれる中庭がひろがっている。光の充溢がわたしたちの眼を《現実》へと牽きもどす契機だとでも言うかのように、声は、遠近法不在の時代における不自由な宿命、《平面であることの拘束》に繰り返しふれながら、そうした不自由さこそが中世における《心の拡がりの反映》なのかもしれないと指摘する。「フラットな空間の把握」と語りの声がよぶ二次元に封じ込められた聖書的世界にあっては、徹底した感情の抑圧と私的要素の排除とがもたらす《無表情》にこそ、もっとも「激しいメッセージ」が籠められていると告げるのだ。

アッシジの町の城砦から坂道を下ればたどり着く聖キアーラの名を冠した教会にあるチマブーエの弟子のだれかが描いたヒロインの生涯に、その《無表情》の極致を看ているらしい語り手が映画作家本人であることを知っているわたしたちは、声がはらむ激越な無表情にたいする関心をあらためて喚起させられることになる。

この《無表情》と裏腹の激情にたいする映画作家のつよい関心は、翌週に放映された作品「II　そして壁画は消えた」において、いっそう明確にしめされるのだが、それ以上にわたしたちが注目すべきは、こうした吉田喜重の関心の在処が、かれがアッシジを訪れるよりはるか六十年前、ローマ大学の夏期講座で、まだ若い美術史家が述べた見解に一致していることの不思議であるかもしれない。

その美術史家ロベルト・ロンギは、聖キアーラの描かれた生涯について、こう語りかける。


その琥珀色の肌をもってしても、本質的には線的な創造物である。胸の垂れ布、肩に落ちかかる頭巾、細い前腕にかかるマントと、三度にわたり滝のような線が頭上から落ちかかり、向きを変え、ふたたび落ちる。線によって精神性がこの顔ほど青白く穏やかに描かれたことはかつて一度もなかっただろう。高貴な卵形の顔のなか、引き締めた口元の朱色から鼻筋の線が昇り、薄目を開けた切れ長の眼とゆらめくアーチの肩につづいている。そしてゆっくりと捩られた首の下、上半身にかかる衣服の線はなんと甘美な窪みを作っているることだろう。明暗法によって磨きをかけられ、大きく凸状にゆるやかにたわむ豊満な肉体を持つ、ジョットの人物を考えてみてほしい。このふたつのタイプはまさに正反対である（……）。わたしたちが学んだのは、ビザンチン人からはただの色彩——広く等価な平面における——であり、ジョットからは形態であり、シモーネのトリプティック（『受胎告知と二聖人』ウフィッツィ美術館蔵）からは、花模様の線のしなやかな形と部分的だが甘美な色彩であった。では色彩と形態とを融合させたのはいったい誰だったのだろう。

こんなふうに問いを投げかける美術史家にとって、ジョットはすべての人物を同じように描いてこそ、偉大な作品を産み出しえたのだという思いがある。フランチェスコ伝の非肉体的に洗練された精神が、形態に一致していると考えることは不可能である。画家が心理的な細部やコントラストに深入りするのは禁物だったし、何よりそれは文学の領分であったのだから、もしその領分に足を踏み入れるなら、画家は必然的に形態、典型、姿勢などをさまざまに絶えず編み出しつづけ、ともかくも劇的な場面の心理を巧みに表現するために、あらゆる人物をちがったふうに描かなければならなかっただろうというのだ。

まるでこのイタリア人美術史家に呼応するかのように、六十年の歳月を経て、日本人映画作家は、「教会が美であり、美が教会である時代に作家個人が消えるのは宿命なのだ」と告げる。そして聖フランチェスコ大聖堂の片隅にあるチマブーエの聖母子像の腐蝕して陰画のようになった《消えかかった壁画》を指して、技法上の失敗が作家の存在を確認させると主張する——「たしかにここにいる。そして消えたのです」。

そして映画作家の足音に連れられて、聖人が最後に庵を結んだ山間の礼拝堂にある作者不詳の「稚拙」な壁画へと、わたしたちはたどりつく。

こんなふうに《眼》と《音》によってはかりながら、あるいは《音》で《影》を測定しながらしか、イメージに迫ることはできないと考えていた気配を、わたしたちが吉田喜重に感じ取ってしまうのは、たぶんわたしたちの作家ときわめて近しい関係にあったひとりの批評家の存在を、そしてその批評家のイメージをめぐることばを、ついわたしたちの映像に重ね合わせてしまうからにちがいない。

イメージとは影である、という中原佑介氏の命題に対して、ぼくは、影はイメージたりうるとして、イメージは影ではない、と書いた。なぜなら、影はそれ自体としては実在であるからである。イメージとは実体の影であるのではない。むしろイメージにおいて、われわれ自身が実体であることを失い、実体と影、実在と不在の間の無名で、中性的な領域に入り込むのである。（……）

影というイメージによってぼくがいいたいのは、光の透明さの中に残る消去をしえないなにものかの実在である。ところで、反芸術とは結局、ひとつの曖昧性の体験であったように思われる。芸術は一方において、われわれの日常の行為とえらぶところのない無名性にまで達しながら、にもかかわらず、他方において、ついになにものにも還元しえず、消去しえぬなにものかとして残ったのである。

白日の中のこの影。絵画は否定し、消去することはできるだろう。だが、芸術はそのとき、まさしく、いよいよその影をあらわにする。

今日、イメージへの渇望は、むしろ絵画とは別のところで満たされ、絵画というinstitutionが残っているのはわずかにその実体化した部分のみである。（……）絵画にイメージが戻るというよりは、むしろ絵画そのものが、ことば本来の意味でのイメージに戻りつつある（……）

（宮川淳「絵画とその影」、一九六五年十一月）

それは、モディリアーニの描いた「ジャンヌ・エビュテルヌ」（一九一一年）にシモーネ・マルティーニの系譜をいちはやく確信した批評家の指摘する、「ことば本来の意味でのイメージに戻りつつある」絵画の在処を、わたしたちの映画作家もまた、幾度もさぐりあてては見つめ、その身をさらすことと引き換えに、わたしたちの眼にとどけてくれているのかもしれない。

＊　引用は、
土門拳愛蔵版『昭和の子ども』（小学館、二〇〇〇）。
ロベルト・ロンギ『イタリア絵画史』（和田他訳、筑摩書房、一九九七）。
『宮川淳著作集』全三巻（美術出版社、一九八〇―八一）。

遠まわりして聴く

そこで暮らしたわけでもないのに、と言うより、訪れたことさえないのに、そのひとを讃えてモザイクのモニュメントが六つある、そんなちいさな広場に出くわしたとき、さてわたしたちはどのようにふるまうだろうか。しかも広場にはその人物の名が冠せられていて、いわばその空間全体がその人物を思い出すための装置として設えられているとなれば、わたしたちはやはり否も応もなくその人物と向き合うことになるのだろうか。

イタリア半島中北部の町ラヴェンナに、ドーラ・マルクス広場と名づけられた広くはない場所に、その女性ドーラ・マルクスに捧げられた大きさも手法もまちまちのモザイクが六点ならんでいる。エミリオ・タディーニ、コンチェット・ポッツァーティ、ジョゼッタ・フィオローニ、ブルーノ・チェッコベッリ、ルッジェーロ・サヴィーニオ、クラウス・メールケンス——

六人がそれぞれに一篇の詩に寄せて描いたモザイクのモニュメントが、その詩とも、詩のヒロインであるドーラとも、詩の作者とも、いっさい所縁のない人口十四万人余のこじんまりした町の片隅とはいえ、一箇所に居並ぶさまはいささかあつかましくも唐突でもある。

ラヴェンナは『神曲』の詩人ダンテの故郷であって、まちがってもジェノヴァの詩人エウジェニオ・モンターレの町ではないからだ。それに、当の女性ドーラ・マルクスだって、モンターレの詩のなかではもっとも有名な、しかも謎めいた女性として取り沙汰される存在ではあっても、このエミリア地方の町に生まれたわけでもなければ、たぶんやって来たことだってないのだから、いくらドーラが二〇世紀イタリア詩を代表する作品のヒロインとはいえ、この町との取り合わせは似合わない。

結果として、ラヴェンナを訪れてたまたまドーラ・マルクス広場に迷い出ることによって、わたしたちはモンターレの詩「ドーラ・マルクス」をめぐる謎へと引きもどされ、ドーラと対峙することになる。

こうした道程はなにやらハロルド・ブルーム流のハムレット解釈を思い出させないでもない。端から謎解きの主客は転倒していて、ほかでもないわたしたち自身がハムレットによって問い詰められているのだとするブルームの指摘は、ある意味で、たとえばドン・キホーテについても、ヨーゼフ・Kについても通用するわけで、要はある虚構存在の圧倒的リアリティがわたしたち現実世界の住人の意識を問い直し浸蝕する可能性を言ったにすぎないのかもしれない。その意味では、ドーラ・マルクスもそうした虚構存在のひとりだと言えなくもない。

だがセルバンテスやカフカの創造した人物たちとちがって、モンターレの女性には実在の痕跡が残されている。

ジェルティとカルロは元気だ。トリエステには、ふたりの客人として、女性がひとり。ジェルティの友人で、すばらしい脚線美の持ち主がいる。かの女に詩を書いてやれよ。名前はドーラ・マルクス。

一九二八年九月二十五日付の手紙にはじめて登場するこの女性、ドーラ・マルクスの存在は、こののち二〇世紀ヨーロッパ詩をめぐる最大の謎ともよばれ、無数の読者を惑わすことになる。さて手紙の差出人はロベルト（通称ボビー）・バズレン、トリエステ生まれの文学青年。同郷の小説家イタロ・ズヴェーヴォをイタリア半島に紹介した功績をもって、いまなおイタリアのみならずヨーロッパ文学史に名を残している。このボビーが手紙を送った相手が、ほかでもないズヴェーヴォへの讃辞を半島で最初に公表した詩人エウジェニオ・モンターレであった。手紙にある「ジェルティ」とは、オーストリア人ゲルトルーデ・フランクル。詩人がおなじくボビーの薦めにしたがって同じ年の春、「ジェルティの謝肉祭」という詩を捧げた女性である。カルロはその夫。

ドーラについて認めたバズレンの手紙は、なぜかこの詩「ジェルティの謝肉祭」にふれて結ばれているのだが、それは件の作品「ドーラ・マルクス」の後半部に描かれている女性がドーラよりもはるかにジェルティの面影を宿しているという事実を明確に意識させるものだ。

ともあれドーラの手がかりをもうしばらくたどってみよう。

モノクロームの写真が一枚、わたしたちに残されている。先だってのバズレンの手紙に添えてあったものだ。あまりの突拍子なさに、はじめて眼にしたとき、呆気にとられないものはいないかもしれない、それくらい衝撃的な写真ではある。ドーラとおぼしき女性は、そのうつくしい両脚だけをカメラにおさめられている。太腿のあたりで跡切れた被写体のからだに、もちろん顔は付いていないのだから、表情はまったくうかがい知れない。ゆったりしたプリーツスカートを膝上十センチメートルほどたくしあげていて、見様によっては、襞の寄り具合といい舞台の幕のようにも映る。けれどよく見ると、脚の前部と後部ではスカートの丈がいちじるしく異なっている。後部のほうは、はるか膝下まで丈がある。ドーラとおぼしき被写体はどうやらレンズの向こう側にいる人物にスカートを上げてもっと脚を見せるようにと言われ、その急な要求に応えようとして、途惑いとためらいとが交錯するなかで、すこしばかりからだの均衡を崩した痕跡が写っている。幾分踏みだし気味の左足にくらべて、右足がやけに後方に引かれている。

実在の証拠というには手がかりの薄すぎるモノクローム写真からは、加えて、たとえば撮影場所の類推すらかなわない。くすんだ床に、それよりすこし明度のある壁、背景はこれだけで、あとは被写体の脚、踵が五センチメートルはあろうかというパンプス、その靴におさまっている白い甲を横切っているベルトと、わきに付いたその留め金――これで全部だ。

顔もからだもない写真を送りつけ、それをドーラ・マルクスだと言って、トリエステからボビー・バズレンはモンターレに詩をせがんだというわけだ。

実在の痕跡をうつくしい両脚だけにもとめて詩をせがむ友人に詩人はすぐには応えなかったらしい。事実、最初の手紙から三ヶ月を経て年を越した一九二九年一月五日、バズレンはこんな手紙を送っている。


ドーラ・マルクス？？？？？？？？？？　送れ！！！！！！！！

二月十九日。

送ってくれ、あのドーラ・マルクスを。

まるでドーラという女性は、詩人がことばでかたちをあたえないかぎり、その存在をたしかめることができないのだとでも言うように、トリエステからの催促はつづいたようだ。ときに常軌を逸したフェティシズムとも映るバズレンの執拗な催促には、ときに旅先で「とても丈の長いブーツ」を履いたドーラを見かけたという幻覚めいた記述も現れたりもする（現代イタリアの映画作家、ナンニ・モレッティとほとんど同種のフェティッシュな性向だろう）。

ところがである。詩作品「ドーラ・マルクス」、その前半部にあたる第一部は、このときすでに書かれていた。制作時期は、ふつうに考えれば、バズレンが最初にドーラの詩を依頼した二八年九月末から年末にかけてということになる。ただ、厄介なことに詩人は、この詩を詩集『機会』（一九三九年刊）に収めたとき、第一部の執筆は二六年と記している。同じことを友人の文学者に宛てた手紙（三九年五月十五日付）のなかでも繰り返しているうえに、後年の手紙（四三年五月十五日付）では、二六年十一月（これは詩人の勘違いで、正しくは九月）五日には「ドーラ・マルクス」と「対をなす作品」を書いたことを明かしているとすれば、「ドーラ・マルクス」の創作は、少なくとも二六年九月以前ということになる。さらに厄介なのは、詩人自身が一九六四年にいたって、「ドーラという女性に会ったことはない。あの詩の第一部を、ボビー・バズレンが送ってよこした例の脚の写真に応えるためにわたしが書いたというのかい?」と、なんとも皮肉な応答を残していることだ。

ごくありきたりな推論にしたがうなら、詩「ドーラ・マルクス」の前半部は一九二六年に創られていて、それに二八年、ボビーからの手紙を契機に、表題が変更され、ドーラの名が刻まれたという顚末になるだろう。けれど、すでにふれたように、この詩の後半部で描かれている女性はドーラではなく、ジェルティであるとすれば、この詩のなかのどこにもドーラのすがたは見あたらないということになる。

写真がとらえたうつくしい挑発的な脚の先にいるはずのドーラが詩のなかにも生きていないとすれば、その存在を抹消する意思が詩人のどこかにめばえた瞬間があったにちがいないのだけれど、果たしてほんとうに詩人はドーラを描かなかったのか、と問えば、じつはそうではないらしい。

ドーラを詩に唄うための途方もない迂回を詩人が択ぶ必然がどこかにあったらしい。その迂回とも逆説とも言える経路をたどることでしか、「ドーラ・マルクス」の唄はきこえてこない。

顔もからだもないモノクローム写真の被写体であった女性について、名前はドーラ・マルクスというのだけれど、かの女にささげる詩を書いてくれないか、と手紙を寄越したトリエステの男は、さて無頓着と言うべきか、厚かましいと言うべきか——いずれにしても請われた詩人にしてみれば、友人の頼みとはいえ、おいそれと見ず知らずの女性に詩をささげる謂われもなく、時に任せて体よくあしらったつもりでいたところ、重ねての催促に、かねて書きためてあった作品の表題に女性の名を刻むことでけりをつけようとしたらしい。

おおむねこれがエウジェニオ・モンターレの詩「ドーラ・マルクス」成立にまつわる事実経過とされてはいるのだが、この解釈をもって、「二〇世紀ヨーロッパ詩をめぐる最大の謎」ともよばれる《事件》の解明とするには、安易に過ぎるだろう。

すでにたしかめたように、この作品「ドーラ・マルクス」は二部構成を採っており、前半部が一九二六年に、後半部が三九年につくられている。そしてトリエステからの手紙が認められたのが二八年九月二十五日。作品を詩集『機会』(三九年刊)に収めたときには、表題に「ドーラ・マルクス」と件の女性の名が刻まれていた。ただし、詩の後半部で描かれている女性は本名ゲルトルーデ・フランクル、通称ジェルティというオーストリア人の旧友であると、作者モンターレ自身が繰り返し明言していることから、表題をのぞけば、ドーラ・マルクスという女性は作品のどこにも登場していない。

さて、ここに詩人による自筆原稿の写しがあるとしよう。わたしたちが目にしているのは、一九三七年一月十日付の『メリディアーノ・ディ・ローマ』紙。掲載された自筆原稿のファクシミリは、紛失したとされる手帖に書かれた詩「ドーラ・マルクス」の写しであるという。けれど、厄介なことに、インクが滲んだのか、創作の日付を記した最後の文字が判読できない。その滲みが紙面を印刷する際に生じたものなのか、それとも草稿自体に抹消されてあったのかは判らない。となれば、もちろん、詩人みずからが紙面掲載を前に手を加えて消した可能性だって捨てきれない。

要は詩人がドーラを謎めいた存在に仕立て上げようとした気配を、すっかりふりはらうわけにはいかないのである。

その名を刻まれた詩のなかにドーラはいないと考えるより、むしろ、その名を冠するだけで、ドーラのまわりに、男性たちが吸い寄せられる強力な磁場みたいなものが形成されるのだと考えてみよう。そうしたいわば潜勢としての磁力が発揮されるのは、当のドーラ本人が徹底して詩の外に在ることによって、詩のどこにでも視線をめぐらすことのできる《遍在性》をそなえているからだ。その不在というより《非在》とよぶべきありようこそが、じつは一篇の詩作品を超えて、いくつもの作品に滲透していく「ドーラ・マルクス」の《謎》であるのかもしれない。

言い換えれば、トリエステの友人が送りつけた一葉のモノクロームの写真に残るドーラの痕跡から、詩人がなにを受け取ったのかが、一篇の詩には収まりきらず詩人の書法全体に波及していく過程のなかで、ドーラをめぐる《謎》がふくらんでいったのかもしれないということだ。たとえば詩人は、フレームの外にあるはずのドーラの顔を描こうとして、

（……）きみをすくうのはいつもの魔除け
口紅を引く筆のそばにも置いて、
パフのそばにも、爪ヤスリのそばにも、象牙色の
ねずみ、こうしてきみは在る！

（「ドーラ・マルクス」）

と、ドーラの身のまわりに穏やかならざる気配が迫っているらしいことを告げてしまう。旅先にいるとして、それがみずから望んでの選択なのか、強いられてのことなのか、と問うてみたとき、どうやら後者らしい。ふつうなら《亡命》とよぶのがふさわしいのっぴきならぬ事態に見舞われているらしいと、詩人はつたえようとしているように見える。
そうした《現実》を告げるのが、「魔除け」の「ねずみ」という、たぶんちっぽけな、けれどそれさえあれば、意に染まぬ向こう側の世界にのみ込まれずにすむ力をそなえたオブジェな

のだ。セザンヌのりんごみたいな力をもった「ねずみ」を得てはじめて、ドーラはその存在が確かめられる——それくらいおぼつかない状況にあることを、携えてきた化粧道具を一つひとつ挙げながらそのつどたしかめずにはいられないのかもしれない。

あるいはドーラという存在自体が宿命のようにして《亡命》を引き受けざるをえないと告げようとしていると言い換えてもかまわない。

いまごろきみのカリンツィアでは
銀梅花が咲き沼の水もぬるみ
水べりに身をのりだして
鯉が、おずおずと、口を開け
でなければ冬菩提樹にのぼって、尖った
棘の合間から、日の暮れにぽつぽつと
点る灯りをながめたり、岸壁の船舶用テントも
宿も朱に染まり水に映るのをながめている

（同）

どう見ても故郷ではない余所の土地、カリンツィア（スロヴェニア語ではコロシュカ）の町で、また一つ季節が移り変わるのをながめながら、ドーラは余所者として在ることの孤独をかみしめている。ドーラのたたずむ夕暮れは、ものの影を少しずつ溶かしぼやけさせていって、最後は闇のなかへと繰り込んでいく。闇にのみ込まれるのは、ドーラの視界に映るものたちだけではない。ドーラ自身のすがたもまた闇に繰り込まれていく。

「崩れていく調和」と詩人が唄うのは、そうした存在の視覚的消失を指してのことだが、その消失の先には、「ささやく声」が聞こえるらしい。

そこに書いてある。いつも緑色した
月桂樹の葉が台所に
あるかぎり、その声は途絶えない、
ラヴェンナは遠く、したたり落ちる
毒は凶暴な信仰。
きみになにをのぞむ？　譲れない
声も、伝説も、そして運命も……
でも手遅れ、いつだって手遅れ。

（同）

「調和」が崩れても途切れることのない「声」に、ドーラのことばがのるとき、ドーラは向こう側の世界の住人になるらしいのだけれど、迫りくる闇に繰り込まれたドーラのすがたを最後まで注視することは、もちろんかなわない。当の本人、ドーラ自身がそうであるように、詩のことばを追うわたしたちにとっても、その願いを果たそうとすれば、「いつだって手遅れ」になるからだ。

途切れずに聞こえてくるその「声」に、いつも「遅れ」て、詩人をふくむわたしたち読者の視線も、ドーラの眼も、残響をとらえようとあがくことになる。

起きてみたら、また墜落した
一世紀が一分である底の底へ――

するとノックが繰り返された足音も、
けれどまだ知らなかった、その晩餐が
詰め物をしたのかされたのか。長い待ち時間、きみを夢見るぼくに終わりはまだこない。

（「囚人の夢」）

こんなふうにドーラの声の反響は、この詩が書かれた一九五四年にあっても、まだ充分聴き取ることができる。むしろ「いつだって手遅れ」であるからこそ、その「声」はこうして「夢」のなかに封じ込められていると言えるかもしれない。

「夢」という視覚と切り離せない領域に「声」を封じ込めることでしか、途切れることなく響いてくるドーラの「声」は聴き取れないとでも言うかのようだ。そしてこの「夢」の空間全体が、ドーラ・マルクスと名付けられた人物を忘れないための装置であるとすれば、先に冒頭で紹介したラヴェンナの町にある広場は、おなじ「夢」を見た者たちの「声」のコレクションとしてながめ聴くべき、立ち寄り先なのかもしれない。

＊ 引用は、

Eugenio Montale, *Tutte le poesie*, Meridiani-Mondadori, 1984.

— *Il secondo mestiere*, Meridiani-Mondadori, 1996.

ことばを生む音

住み慣れた京都を離れて八年が経ち、気づいたら随分とゆとりのない暮らしをしている。本屋をのぞくことさえ、せせこましく、合間を見つけては、世に言う「大人買い」を繰り返す始末とあっては、情けないかぎり、とわが身をふり返ったりするのは、《勿体より重たい「何でもなさ」を沈めることは大変むつかしい》と書いた詩人の随筆をながめるときくらい。

褐色《かちいろ》の根府《ねぶ》川石《かはいし》に
白き花はたと落ちたり、
ありとしも青葉がくれに
見えざりしさらの木の花。

鷗外のよく知られた詩「沙羅の木」にある「はた」という擬音の選択を、「無音の音とするには上乗の詩句、詩語ではなかったように思えるがどうだろう」と、「語音に慣れて（……）気軽に使ったのかもしれない」文豪をちくりとやっつけるような詩人である。

その詩人天野忠（一九〇九─九三）は、「擬音」と「心音」という対比で、わたしたちの耳に聞こえる音をことばにうつすむつかしさについて、こんなふうに記している。

久しぶりに今朝は早くからしずかな雨が降っている。小さな書斎の前の小さな庭地に植えた竹の葉っぱに、しずかな雨が降っている。その葉っぱがふるえている。風はほとんどないのだが、あるとしもなき風と雨が竹の青い葉っぱの上で微妙な音をたてている。それは私の耳に、時にはササラン、ササランというように聞こえ、時にはチホン、チホンというようにも聞こえる。

それを紙の上に文字として、ササランと書きチホンと書くと、これはおかしいと思う。字のかたちは音のかたちを崩してしまう。どれだけ音のかたちに似せようとしても、文字のかたちは漠としてとりとめもなく、音のすがたをとらえる力がない。耳の中でとらえた音が心の中を通りすぎるまでに、それがあった音のすがたは脆く崩れてしまうようである。

それはちょうど夢のようなものである。

（「音」『余韻の中』永井出版企画、一九七三）

聴覚の曖昧さを、詩人は「心音」とよぶ語音に、みずからの「あやふやな生き方」に由来するとして、あるがままに受け入れるほかあるまいと自分に言い聞かせている。そしてさまざまな場面で、ひとが音の見当を見定めるまでの「機微」に思いを馳せるのである。

いささか乱暴な言い方をするなら、《聴覚という鏡》がわたしたちの「心音」を左右する場面が表現の現場ではしばしば出現するのであって、それを「夢のようなもの」と形容してすませてばかりはどうやらいられないらしい——詩人の自分に刺さる棘みたいな一見さらりとした観察から連想するのは、たとえば声とことばと音、音楽とことばと歌、といった関係のなかで、どれかひとつ要素に欠損を生じた場合、表現における《意味の場》はどんなふうに変わるのか、歪んだり消滅したりといった事態が出来するのか、という問い掛けである。

この問いをもっとも集約的に、かつ頻繁に発する機会が訪れるのは、《メロドラマ》としてのオペラについて考えるときかもしれない。

たとえば不世出のソプラノ歌手と目される若い女性がいる。モーツァルトの『ドン・ジョヴァンニ』がミラノ・スカラ座の舞台にかかって、ドンナ・アンナのアリアを歌っている最中に火事に襲われ、そのショックで声を失ってしまう。ただし、失った声は歌手としてのもので、日常の声もことばも奪われてはいない。奪われたのはソプラノ歌手としての生命なのである。そこで、世間には火事で命を落としたと告げることにして、本人は別の名前を、それもいくつも使いながら、名前の数だけの人生を生きることにする。そうして最期の最期になって、ふたたびかつて中断したままになっているドンナ・アンナのアリアを、往年の力強さがよみがえることはないものの、瀕死の状態で歌い上げるとき、歌うことの感動がなんであるかを理解するのだった。

これがペッレグリーナ・レオーニ、短篇「夢見る人びと」の主人公の物語であることは、デンマークの小説家による短篇集『七つのゴシック物語』（白水社、一九八一）の読者ならすぐに思い出せるだろう。

アイザック・ディネーセンと男性小説家を装ったカレン・ブリクセンが描いた声の喪失をめぐる悲劇が殊のほか興味深いのは、ことばと声をめぐる古来よりの神話的とも言える関係をオペラと日常の対比のなかで象徴的に抽出してみせているからにほかならない。

つまり家父長的な秩序にしたがうなら、沈黙は女性に、ことばは男性に帰属するものとして扱われてきたと言えるだろう。セイレーンの神話がつたえるとおり、歌は女性に、ことばは男性に、と言い換えてもよいだろう。男性の声は意味を持つのと引き替えに、音を持たない精神の作業もしくは思考のなかに消えてゆく定めにある。女性の声は、その実体を歌というかたちを採ることによって明らかにする。肉体の持つ情念にかかわるリズムや声のふるえとなって、その実体はあらわになる。この意味において、歌う女性はすべてセイレーンであると言ってもかまわない。一家の娘とか妻とかいった家父長的秩序とは無縁の、快楽の秩序による被造物として、人間の理性の体系を攪乱させ、どこか彼方の別世界へと運び去る厄介な異物と化しているのかもしれない。

少なくともディネーセンの描いたソプラノ歌手が舞台の上でふりまく誘惑の声とは、セイレーンの化身にほかならない。ペッレグリーナの歌に魅せられた観客のことばのなかに、「奈落」とか「天国」とか「永遠」そして「死」とがめまぐるしく行き交うのも、その証である。ところが遂には「死」へと誘う歌声を轟かせていたはずのペッレグリーナが、突如その力を失ってしまう。セイレーンを最大の悲劇が襲ったわけだ。「沈黙は金」なることわざが、もっぱら女性の饒舌を標的にして生き存えてきた歴史が教えているのも、じつはディネーセン（＝ブリクセン）の描いた声の権力をめぐる女性の在り方にたいして批判的まなざしをそそぐことであるのかもしれない。

ここでもうひとつ、声の喪失をめぐる女性の在り方にかんするエピソードを思い出してみよう。

一九世紀半ば、辺境の地であったニュージーランドへスコットランドから「写真結婚」によって、幼い娘と一台のピアノと荒波にもまれてたどり着いた女性がいた。かの女は六歳の時から口がきけず、ピアノをことばとして生きてきた。だが、迎えに来た新しい夫は、ピアノを浜辺に置き去りにする。夫はピアノを、マオリ族と暮らす荒くれ男の土地と交換してしまう。男は、かの女をピアノが置き去りにされた浜辺に連れて行くが、そこで生き生きとピアノを弾くすがたを見て、ピアノがかの女にとってかけがえのない、かの女自身の一部であることを直感する。字も読めない粗野な男が、ピアノといういわば人質をとったかたちで、ピアノの鍵盤の数だけかの女の体をもとめ、すべて消化したらピアノを返すと提案する。一方、夫は一九世紀ヴィクトリア朝の典型ともうつるキリスト教的道徳律に忠実に、みずからの欲望を抑えこみ、妻が自分のほうへふり向いてくれることを辛抱づよく待つものの、嫉妬から、ついには妻の指を切り落としてしまう。

ジェーン・カンピオンによる映画『ピアノ・レッスン』（一九九三年）もまた、声の喪失をめぐることばと力の関係に焦点を当てた作品である。

ただ、ディネーセンの主人公とちがって、この映画のヒロイン、エイダには娘がいて、母親の身ぶりを言葉にかえて話してくれる。加えて、ピアノという声に変わる表現手段を持っている。言い換えれば、母親と娘とピアノの三者による共犯関係のなかに、失われた声をめぐる葛藤が繰りひろげられていることになる。エイダの《歌》の通訳はピアノが、《ことば》の通訳は娘が、それぞれつとめることで、《未開の敵対する土地》でのあらたな生活に挑もうとしている。

悲劇は、エイダがみずからを表現する身ぶりも、その思考も、じつはヨーロッパの文字言語・文字文化を基盤としたものであったことに起因しているのかもしれない。夫がエイダの指を切除する行為に出たのは、まさしくかの女が有しているふたつの《声》、つまり音楽の《声》と会話の《声》とをあやうくすることである（そうなってはじめて、エイダはディネーセンの歌姫とおなじ世界に身を置くことになったのかもしれない）。

だから映画が幸福な結末を用意していたことに、もし素直に同意ができる観客がいたとすれば、それは失った指（とふたつの《声》）と、回復した人工の指とのあいだに横たわる奈落の存在を視界に入れないまま、家父長的な秩序に組み入れられたかに見えるエイダのうわべだけをながめていることになるだろう。

エイダのほんとうのすがたは、あくまで音楽に身をゆだね、その官能的経験を生きるための《声》をもとめるところにある。ひとたびセイレーンとして人びとを誘惑に駆りたて死の快楽の瀬戸際まで運ぶほどの力をふるった経験をもつ存在が、それを捨て去り、しずかに家庭にもどることなどあるはずがない。それはペッレグリーナが死と引き替えに歌を回復しようとした選択によって、すでに象徴的にしめされてもいる。

短篇と映画がしめしたふたつの例は、《声》という権力がときに滑稽とも不条理ともうつる結末を用意するということなのかもしれない。

ここでいう滑稽さとは、たとえば「ワグナーの歌詞をイタリアで理解する者なんているのだろうか？　同様に、ヴェルディの歌詞を外国で理解する者もいるのだろうか？」と問いを発しながら、『リゴレット』を堪能したとうそぶくような御仁にふさわしい資質であるだろう。

つまりオペラにしばしばつきまとう物語と音楽、もしくはことばとメロディー、歌詞と歌声のあいだの奇妙なゆがみやねじれにかかわる美学的性質であるのかもしれないということだ。たとえば蝶々夫人が《un bel di vedremo》と歌うと、だれもがそれが愛と報われない希望の歌であることを知っているのは、その声そのものがことばに先んじてつたえる力をそなえているからだ。そのとき聴き手は、イタリア語を理解しようとしまいと関わりなく、歌のメッセージを受けとってしまう。

オペラという《メロドラマ》において、ことばを無視するのは、なにも外国人にかぎらない。リブレットの歌詞を正確に聴き取り理解している観客など、至極少数の通か専門家だけなのだ。歌手による不自然な音声学的強調も頻発するとなれば、歌詞の理解を前提とする議論自体が成立しないと言ってもよい。さらに言うならば、オペラとは元来、不条理なくらいに滑稽な《キッチュ》な表現形態なのであり、リブレットはそうした悲喜劇の効果を引き立てる大事な役割をになっているのかもしれない。

すると歌詞とメロディーの関係とは、ダ・ポンテの凡庸さとモーツァルトの非凡さに置き換えられるような、単純化された対比に行き着くのだろうか。

だが《メロドラマ》とは、一六〇七年、モンテヴェルディの『オルフェウス』が生まれて以来、つねに歌とことばの関係、つまり演奏者の歌とメロディーがことばの意味を曇らすことのない関係を模索しながら変化をつづけてきたジャンルであることを思い出す必要があるだろう。たとえ、最終的には聴き手と演奏者のあいだに、ことばではなく《音・声》の優位を認めた同盟関係が成立することになったとしても、あくまでそれも聴き手が、演奏者の歌う《音・声》の誘惑に屈服して、ことばの大海で意味を一時的に見失っているにすぎないのだという、相当に強引な口実をつけたうえでのことだ。

すると見方によってはグロテスクとも言える歌詞とメロディーの関係をはらんだオペラという《メロドラマ》が、じつはもっぱら観客の涙をさそうのはなぜかという問いを課してみる必要がありそうだ。

たしかに、「現実離れした設定、ばかげた歌詞、それでも胸がどきどきして涙があふれてくる、それが純粋芸術なのだ」という類のオペラについての美学的定義を否定しえない享受の現実ならいくらでも挙げられる。

　ゲイリー・マーシャルの映画『プリティ・ウーマン』（一九九〇年）をひとつの典型として思い浮かべればよいかもしれない。教養のない無垢な女性がオペラをはじめて観劇して感涙にむせぶという設定は、映画（史）にたいする自己批判であると同時に、明らかに《メロドラマ》の持つ本質的な矛盾、つまり作品における女性嫌いと享受における女性志向を意識している。型にはまったロマンティックな感傷を女性に向けて放つことに隠された自己韜晦こそが、女性嫌いの証であると言えるかもしれない。

　じつのところ、オペラという《メロドラマ》は、少なくともヨーロッパにおいて、恋に落ち裏切られ欺かれ弄ばれ狂気に駆られ、ついには死にいたる女の物語を、懲りもせず変奏しつづけてきたと言ってもかまわないだろう。そして聴覚によって観客の情念を虜にして、あたかも物語が多少の波瀾万丈はあっても心地よく受け入れられるものであるかのごとく錯覚させる芸当を磨いてきたと言えるのかもしれない。

　一見したところヒロインが社会からはみ出た存在であるという設定に、わたしたちが慣れてしまっているのは、なぜかと問い直してみればよいだろう。カルメンがロマの民で、蝶々夫人とトゥーランドットは異国の民、トスカは歌い手、ヴィオレッタは性悪と、社会と言わずとも家庭の埒外に生きる女性ばかりがヒロインとして傑出していて、かつ最後は（少女であるヴィオレッタをのぞいて）全員が死をむかえ、すべてが元どおりに復するという展開となれば、オペラという《メロドラマ》の誘惑とは、歌いながら社会の秩序に飼い慣らされ死んでゆく女たちを陥れるメロディーの詐術であるのかもしれない。

この意味で、ジュール・ヴェルヌが晩年、カルパチア城の物語に歌手スティラを登場させ、往年のメゾソプラノ、マリブランの再来として舞台でアリア「わたしは死にたい」を歌わせながら血を吐き最期をむかえさせた事実は、モンテヴェルディのアリアンナが歌う「死なせてください」を踏まえているばかりでなく、オペラの詐術を知り尽くした選択であったことを物語っていると言えるだろう。

たとえば、ありふれた比喩を考えてみよう――「小夜鳴鳥のように歌うソプラノ歌手」。これが二重に的外れな隠喩であるのは、動物の声において音はことばに挑んだりはしないのにたいし、人間の歌にあっては、声がことばを運ぶからである。その音の海の中に意味論的な何かをおぼれさせながらも意味でもありつづける音――歌と音楽のちがいは、おそらくここにある。

オペラという《メロドラマ》がしめすのは、ことばの現実がにわかに例外なく意味論的実体と一致しないということだ。

ことばは、ふたつの極（それを音声として構成する声と、声が表現しようとしていることばの意味と)の緊張の交錯点なのだ。このとき、わたしたちの聴覚は、まさしくそうした両極のあいだに屹立する《鏡》として、そこに在る。

信頼する音楽学者渡邊裕が「音楽時評」を集めて刊行した『考える耳　記憶の場、批評の眼』（春秋社、二〇〇七）のなかで繰り返し読者にうったえているかに見える事柄も、存外このあたりに収斂してくるような気がしてならない。

だが、何かが抜け落ちてしまったようだ。それは歴史性の感覚、あるいは異文化感覚と呼ぶべきものである。かつて重厚な「芸術」イメージから解き放たれた「軽やか」なモーツァルトのイメージが出現したとき、そこには慣れ親しんできた「芸術」の世界やそこでのわれわれの感覚を相対化させる強烈な「異文化」性が宿っていた。そのイメージは近代以前の歴史的状況や価値観と不可分であったし、そのことはまた自らの価値観や感性自体の歴史性を否応なしに認識させるという緊張した関係を強いるものであった。

（「等身大の作曲家像」）

《聴覚という鏡》の緊張関係のただなかに、わが身を置かないかぎり、わたしたちは、音がことばを生む現場に立ち会う機会にめぐまれることはない。

あとがき

声。人生のなかで愛した人たちの声に呼び覚まされる感情を、言葉に翻訳できたらどんなにいいだろう！　だがその声は、自分のなかに仕舞っているのだ、心の奥底に。宝石箱の宝物のように、だれにも見せることはなく、自分だけが箱を開く鍵を持っている。

（アントニオ・タブッキ「言語、声、一音節のなかの宇宙」）

本書に収めた川端康成のイタリア語版選集にはじまって渡邊裕の音楽時評集で閉じる十八篇は、『声、意味ではなく』（平凡社、二〇〇四）につづいて、月刊誌『國文學』（學燈社）に連載した文章を集めたものだ（二〇〇四年一月号から二〇〇七年三月号、および同誌別冊二〇〇七年八月号）。

ただ、これをいつどんなかたちでまとめるかについては、さまざまな躊躇いや迷いが払いのけられないまま、長いこと霧中にあった。原因は、前著収載の文章群に比べて、論じる対象が文学から拡がって、視覚・聴覚芸術作品を扱った文章も少なくないこと、そして、文学のなかでも詩作品に割く分量が著しくふえたことにあった。さてさてと思案しているうち、気づいたら連載を終えて十年ほどが経っていた。

その間、『声、意味ではなく』という前著の表題に籠めた意図に理解と共鳴をしめす読者も少しずつ現れてきて、意味生成の場としての翻訳が抱えこむズレはもちろん、翻訳という行為が展開する現場において意味自体は排除され、「声」そのものが物語の反復や物語性への依存を許容しない演奏の結果なのだという認識にふれる機会も、さして稀ではなくなってきた。

とは言いながら、きわめて私的な〈読むこと〉の記録を面白がってくれる奇特な読者は所詮しごく限られているから、たとえば、『柴田さんと高橋さんの小説の読み方、書き方、訳し方』（河出書房新社、二〇〇九）のなかで、柴田元幸さんが「海外に紹介したい日本の小説というテーマで」選んだ三〇冊のなかに『声、意味ではなく』を挙げてくれたのは、その選定理由もふくめ、たいそう励みになった。リストは五十音順ということもあって、ぼくの前、二九冊目が四元康祐さんの詩集『言語ジャック』だったのも、偶然とはいえ嬉しかった。なにしろ、すべての表現行為は翻訳にほかならないという認識をごく自然に共有できる同志の作品と並んでいたのだから。

じつはつい先日、ミュンヘンに四元さんを訪ねたとき、表現と翻訳をむすぶ等式については話題にもならず、と言うより、それはあまりに自明のこととしていつものように話を交わしていたことを思い出す。その四元さんとの縁も、本書に収めた文章がきっかけだった。

そんなふうに読んで面白いと思った作品について気儘に綴っていくうちに、当の作者から直接あるいは間接に反応が届いたりもするようになったのだが、むしろ書いている当人としては、自分の綴った文章で述べている作品や作者に、読者がみずからふれるきっかけのひとつになれば何よりと思っていた。

ともあれこうして十八篇をまとめてみると、書きながら考えるというその都度その都度のリズムのようなものが思考を後押ししていたことに気づく。たぶんいまでは再現不能のリズムなのだが、少なくとも書いているさなかにあっては、そのリズムにしたがう以外に考えを言葉に運ぶ手だてがなかった気がする。そうして考えを言葉に運びながら、言葉を「声」として聴くことをつづけていたのだと思う。

昨年末、大学の仕事の退任記念シンポジウムと称して、大勢の方がたの協力を得て、〈翻訳〉について考える一日を持った。その折、十八人にのぼる登壇者の一人ひとりから発せられた言葉が、それぞれどれもどこかでつながっていることに、驚くと言うより、どこか援引めいた予感のような思いを抱いたのは、もしかしたら「声」を聴くわが身体の延ばした先に議論が収束していく実感があったからかもしれない。その収束先は、「声の召喚」とでも名づけることのできる現象をめぐる思考の集積地だったのだけれど、そうした思考を共有できる仲間たちを得たことにあらためて感謝の思いをつよくした。

こうして本書がかたちを得て読者に手渡せるようになったのは、言うまでもなく、多くの方がたのお力添えがあってのことだ。

まずは雑誌『國文學』連載時、毎月励ましながら付き合ってくださった当時の編集長牧野十寸穂さん、そして今回も装画を提供してくださった敬愛する友、松浦寿夫さんに心よりお礼を申し上げる。

そして最後に、絶妙のタイミングで現れ、背中を押してくださった鈴木一民さんと、丁寧に辛抱強く書物に仕上げてくださった大泉史世さんのおふたりに、言い尽くせいない感謝の思いを。

二〇一七年七月　　和田忠彦

和田忠彦（わだただひこ）

一九五二年生れ。イタリア近現代文学・文化芸術論専攻。

著書

『ヴェネツィア　水の夢』（二〇〇〇年・筑摩書房）
『声、意味ではなく――わたしの翻訳論』（二〇〇四年・平凡社）
『ファシズム、そして』（二〇〇八年・水声社）
『タブッキをめぐる九つの断章』（二〇一六年・共和国）

訳書

アントニオ・タブッキ『夢のなかの夢』『フェルナンド・ペソア　最後の

三日間』『他人まかせの自伝　あとづけの詩学』『時は老いを急ぐ』『いつも手遅れ』『イザベルに　ある曼荼羅』『とるにたらないちいさないきちがい』
イタロ・カルヴィーノ『パロマー』『魔法の庭』『むずかしい愛』『サン・ジョヴァンニの道　書かれなかった「自伝」』『水に流して　カルヴィーノ文学・社会評論集』（共訳）
ウンベルト・エーコ『エーコの文体練習』『小説の森散策』『永遠のファシズム』『エーコの小説講座　若き作家の告白』『女王ロアーナ、神秘の炎』
アメーリア・ロッセッリ『闘いの変奏曲』――ほか

遠まわりして聴く＊著者和田忠彦＊発行二〇一七年七月二五日初版第一刷＊装画松浦寿夫＊発行者鈴木一民発行所書肆山田東京都豊島区南池袋二—八—五—三〇一電話〇三—三九八八—七四六七＊印刷精密印刷ターゲット石塚印刷製本日進堂製本＊ＩＳＢＮ九七八-四-八七九九五-九五六-〇